薪酬激励体系设计

张守春 著

中国科学技术出版社
·北京·

图书在版编目（CIP）数据

薪酬激励体系设计/张守春著. —北京：中国科学技术出版社，2022.9

ISBN 978-7-5046-9648-9

Ⅰ.①薪… Ⅱ.①张… Ⅲ.①企业管理—工资管理 Ⅳ.①F272.92

中国版本图书馆CIP数据核字（2022）第100566号

策划编辑	何英娇	
责任编辑	何英娇	
封面设计	创研社	
版式设计	锋尚设计	
责任校对	邓雪梅	
责任印制	李晓霖	

出　　版	中国科学技术出版社
发　　行	中国科学技术出版社有限公司发行部
地　　址	北京市海淀区中关村南大街16号
邮　　编	100081
发行电话	010-62173865
传　　真	010-62173081
网　　址	http://www.cspbooks.com.cn
开　　本	710mm×1000mm　1/16
字　　数	187千字
印　　张	11.75
版　　次	2022年9月第1版
印　　次	2022年9月第1次印刷
印　　刷	北京盛通印刷股份有限公司
书　　号	ISBN 978-7-5046-9648-9/F・1013
定　　价	69.00元

（凡购买本社图书，如有缺页、倒页、脱页者，本社发行部负责调换）

序 言

设计一家企业的薪酬体系是不是一件难事呢？应该说不难。我从清华大学本科毕业后，到外企工作了三年，然后去美国读了人力资源硕士学位，回国后先后在两家公司从事人力资源总监的工作，随后十几年一直致力于薪酬体系培训（课程是"3E薪酬设计"）和薪酬、绩效咨询，曾经为中国银行、国家电网、天津电力建设集团、中国海洋石油集团的下属公司做过薪酬绩效咨询，也为其他数十家中小企业做过相关咨询。

总的来讲，要设计一家企业的薪酬体系，要考虑到其外部市场价格、岗位、个体三方面因素，做到外部平衡、岗位平衡、个体平衡。简单地说，就是"以岗定级，以人定档，以业绩定奖金"。

具体步骤：第一，把企业的岗位分级，分到不同的工资级别上（以岗定级），这也是本书的重点之一；第二，设计各级工资的合理幅度标准（薪酬带宽），并且每级要分档；第三，把某岗位上的具体员工个体定在该级别的档位上（以人定档）；第四，给该员工发放该档位的工资，再拿出其中的20%—30%作为绩效工资，经考核后发放（以业绩定奖金）。

其中第一步，以岗定级，可以做出类似表1和表2这样的表格，我将其命名为"职级表"，在业界，此称呼通用。

表 1　岗位职级表

级别	办公室	法务部	企业管理部	人力资源部	市场与投资部	事业部
14	总经理					
13	副总经理					
12					市场与投资部经理	事业部副总经理
11			企业管理部经理			
10				人力资源部经理		
9						

续表

级别	办公室	法务部	企业管理部	人力资源部	市场与投资部	事业部
8		法务部经理				
7	办公室主任					商务专员
6			企管专员			
5	宣传策划专员					
5	信息化管理员					
5	总经理秘书			招聘专员		硬件工程师
4				绩效考核专员		
4				薪酬福利专员		
3			统计专员			
3		合约事务专员	技安、环保专员	人事专员		
2	秘书					
1	司机					

表2是生产型企业的职级表。

随后再设计以上每级工资的标准，职级表就完成了。

问题的关键是，如何通过这两张表，确定每个岗位的级别呢？除了"拍脑袋"的办法，就是岗位测评了，这也是本书的核心内容。简单地说，就是通过用一些标准（要素）给岗位打分，从而确定岗位工资应有的高低级别。

有了职级表，接下来，该如何专业地设计出各级别的薪酬带宽呢？我在本书中给出了八个具体步骤并有详细的讲解。此外，本书还讲解了如何设计专业技术人员的序列工资、如何设计营销人员的绩效激励等。

表2 生产型企业职级表

级别	电子商品事业部	财务部	管理部	行政部	商品事业部	车架部	技术部	销售部	整车部	资材部	仓管课
6		财务部主任					技术部经理				
5								业务部业务主管			
5					软商事业部顾问			销售部部协理			
4					协理	车架部经理加工部主管焊接部样接主管	生技部生技主管		整车部经理装配部主管涂装部涂装副经理	资材部资企采购主管	
4	硬件设计员						模具部模具主管				
4	软件设计员	主办会计员			设计师	数控部主管	产技部产技主管	产企部产企主管	精品部精品主管	采购部采购主管	仓管主管
3				总务组长		焊接部班长加工班长	产技部贴标技术员	产企部外观产企划员	涂装部贴标班长		
3	工业设计员	成本会计员	总务采购员	行政群副主任		焊接部附件C班组长加工班长	产技部车架技术员	产企部车架产企划员	精品部精品组长	采购部物料采购员	物料组长
3								产企部产品企划员			成品副组长
2							生技部装配生技员				
2							生技部涂装生技员				
2							生技部贴标生技员				
2		应收会计员					生技部车架生技员		装配部准备组长装配部班长		
2		应付会计员		人事组长	设计师助理员	加工部硬焊班长	模具部模具制作员	业务部关务员	装配部发料班长	资材部资材企划员	
2		出纳会计员		人事管理员	打版师		模具部模具全能员	销售部文员	涂装部前处理班长	资材部门文员	
1				总台服务员							
1				锅炉维护员							
1				土木维修员							
1				食堂管理员							
1				食堂作业员							
1				家佣服务员							
1				车辆驾驶员			生技部加工样品员				
1				环境维护员	样衣工	车架部文员	生技部焊接样品员		整车部文员		
1	文员						技术部文员	业务部装卸员涂装部制程转接工			

目录

第一章　企业薪酬体系设计的三个原则 /1

外部均衡性 /2

内部均衡性 /3

个体均衡性 /5

第二章　岗位测评

——如何给岗位定工资级别 /7

第一步：引导工作分析，确定工作说明书 /8

第二步：岗位测评的四种方法 /10

第三步：岗位测评要素的分数设定和分级 /11

第四步：组成评估小组，进行岗位测评 /16

第五步：回归拟合进行校验 /19

第六步：得到岗位分级，即职级表 /22

岗位测评步骤实例 /22

第三章　薪酬工资级别带宽设计 /35

第七步：设定工资级别的数量 /38

第八步：设定工资级别的中点 /40

第九步：对设定工资级别的中点进行光滑处理 /40

第十步：调整级差 /41

第十一步：领先滞后调整 /43

第十二步：设定各级工资的级幅度 /44

　　　　第十三步：计算各级工资的最大值、最小值 /45
　　　　第十四步：设定各级间的重叠度 /46
　　　　第十五步：设定月总收入曲线 /48
　　　　第十六步：对关键岗位以外的岗位进行岗位测评，并将其纳入相应的工资
　　　　　　　　级别 /50
　　　　调薪不能只看业绩 /51

第四章　为什么要这样制定薪酬制度 /53
　　　　薪酬制度的内容要项与制定技巧 /54
　　　　薪酬制度实例 /55

第五章　刺激人才发展的薪酬体系 /67
　　　　薪酬体系的四种类型 /68
　　　　高智力行业对人付薪模式 /74
　　　　胜任素质模型与专业技术序列的工资体系设计 /78
　　　　胜任素质模型的基本内容 /93
　　　　胜任素质模型的构建步骤 /94

第六章　营销人员薪酬激励设计技巧 /97
　　　　销售员 /98
　　　　团队经理 /101
　　　　区域经理 /103

第七章　岗位测评要素大全 /107

美世岗位测评要素 /108

海氏岗位测评要素 /114

翰威特咨询公司岗位测评要素 /118

A 公司岗位测评要素 /122

B 公司岗位测评要素 /127

C 公司岗位测评要素 /129

适合制造业的岗位测评要素 /132

适合制造业及操作岗位的岗位测评要素 /140

实用量化的岗位测评要素 /152

管理职位测评要素、技术职位测评要素、生产职位测评要素 /159

适合高科技企业的岗位测评要素 /168

普适有效的岗位测评要素 /174

第一章

企业薪酬体系设计的三个原则

薪酬体系设计主要是以组织内部平衡和人才能力波动为前提来设计的，其代表性理论是我提出的三种均衡性理论。

一个薪酬机制必须先是公平的，才能谈激励。研究表明，是否公平会对员工产生极为戏剧化的影响。实际上，一位员工如果受到不公平对待，会直接影响其工作动机和工作表现。

什么是公平呢？公平的概念可以分为：外部均衡性（External Equity）、内部均衡性（Internal Equity）和个体均衡性（Individual Equity），其中Equity就是均衡、公平的意思，是薪酬设计的普适和最高原则，亦即笔者所说的"3E薪酬设计"。

下面对这三种均衡性进行详细的介绍。

外部均衡性

外部均衡性是指公司员工的薪酬水平，与该行业的市场普遍价格相比具备合理的可比性。我们都知道财务总监的工资比工人的高，软件工程师的工资比行政秘书的高，这种差异反映了各岗位市场供求的差异。

如果一家公司的工资水平总是低于外部市场的普遍水平，那么它对人才的吸引力就会越来越差。而工资水平高于外部市场普遍水平的公司也会发现自己已失去了一个竞争优势，于是便不得不抬高产品价格，否则其利润就会降低。

除了人才在市场之间的流动障碍，各种人才在市场上的供给和需求水平也显著不同。这是导致各种人才的市场工资水平出现差异的主要原因。

任何一个岗位的市场工资，都是由供应、需求两条曲线的交互关系决定的。图1-1是劳动力供给和需求曲线：纵轴表示工资，横轴表示员工数量。劳动力供给曲线与劳动力需求曲线的交点代表了该岗位的市场工资——公司情愿支付的最高工资水平与员工愿意接受的最低工资水平的交点。

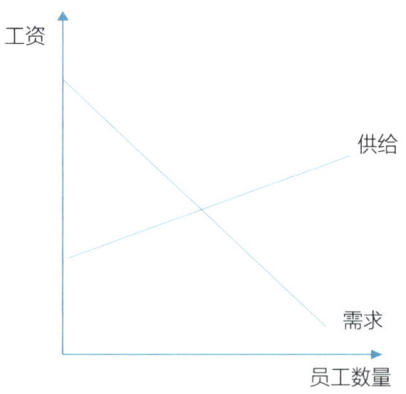

图1-1 劳动力供给和需求曲线

当一家企业各个岗位的工资水平都达到了各自岗位的市场工资水平的合理定位（比如希望秘书岗位达到秘书劳动力市场的75分位，秘书也确实达到了），我们就说实现了外部均衡。并不是岗位的工资水平在对应的市场上定位越高就越算是外部均衡，我们只强调达到合理的市场定位。比如，公司战略决定了其用人标准是低端岗位进人、内部培养提拔来填充高端岗位，很多外资企业如联合利华、宝洁都是这种策略。那么，就要求低端岗位的工资在市场定位要高，高端岗位的工资则可以相对较低。如果公司的实际工资也确实达到了这种市场定位，就获得了所期望占有的人才，实现了外部均衡。

内部均衡性

内部均衡性也是一个公平标准。它要求公司支付给员工的薪酬与每个岗位的相对内在价值相符。理论上讲，内部均衡性涉及的是每个岗位对于公司的价值，此价值可能与市场没有直接联系。研究表明内部均衡性和外部均衡性可独立起作用。

外部均衡性并不足以作为衡量岗位价值的完全标准。当员工被雇用后，他已经加入企业，脱离了外部市场，那么外部市场的工资竞争对他的直接影响就减少了。他的行为和决定更多的是受到机构内部因素的影响，而较少受外部市场竞争的影响。这是因为，要得到外部工作机会和工资水平的信息就要花费时间和资源，这限制了人们对外部均衡性的敏感度。也就是说，大部分员工之所以离开企业，不单单是因为有了更好的工作机会，更是因为对现有工作的长时间的不满意，包括对薪酬的内部均衡性感到不满意，这迫使他们到外部市场寻求工作机会。

而内部均衡性意味着使工资与此岗位对公司的内在价值保持一致。也就是说，某岗位对公司的价值越大，其所在的工资级别也应该越高。

$$\frac{甲岗位工资}{甲岗位价值} \approx \frac{乙岗位工资}{乙岗位价值} \approx \frac{丙岗位工资}{丙岗位价值}$$

上述的三个比值近似相等。如果公司内所有岗位的工资与其对公司的内在价值的比值都近似相等，则说明这家公司实现了内部均衡。

如果

$$\frac{甲岗位工资}{甲岗位价值} > \frac{乙岗位工资}{乙岗位价值}$$

这就说明甲岗位的工资定高了。如下例：

甲岗位是信息技术部门经理，我们假定他的工资是月薪1.5万元，假定他给企业创造的价值是每个月10万元。那么，他岗位工资与岗位价值的比值是0.15。如果乙岗位是行政经理，他的工资往往就比较低，假定他的月薪是0.5万元，他给企业创造的价值是每个月2万元，比值是0.25。两个岗位的级别相同，但甲岗位的岗位工资与岗位价值的比值小于乙岗位，我们就可以说，甲岗位的工资定低了，乙岗位的工资定高了。如果你把这个"喜讯"告诉你的行政经理，他也许会不能接受，但事实就是这样。收入是否内部公平，不是由工资的绝对值决定的，而是由相对值决定的。

上述定义内部均衡性的公式，来自社会学家斯塔西·亚当斯（Stacy Adams）的社会公平性理论。他认为，在一个组织内部，分配公平的标准就是，组织内的每个单元与组织发生价值交换的时候，得到相同的"产出/投入"比。也就是说，假如我们把公司视为一个组织，把每个岗位视为组织中的单元，岗位对公司的投入就是它所创造的价值（分母），公司给它的回报（产出）就是它的工资水平（分子）。每个岗位的"产出/投入"比值近似相等，公司就实现了分配公平，也就是说，组织内实现了分配公平，如下面的公式：

$$\frac{甲岗位工资}{甲岗位价值} = \frac{乙岗位工资}{乙岗位价值}$$

所以，上述内部均衡性的定义和公式，是我们把斯塔西·亚当斯的社会公平性理论运用到薪酬管理中来以后得到的必然结论。在上面的例子中行政经理的工资定高了也就无足惊讶。

内部均衡对企业至关重要，如果某人认为一个组织拥有公平性，那么他就愿意为这个组织工作，反之则会拒绝或离去。这会对整个组织的经营状况产生直接影响，所以在设计薪酬时，管理者应十分重视这个因素。

但是，怎么确定岗位的价值呢？每个岗位的在职者都会宣称自己岗位的价值很大。于是，这就需要做一个岗位测评，也就是通过一些要素（本书后面给出了多套要素）给岗位打分，根据分数的高低，来确定岗位价值的大小，并把岗位分成不同的级别，最终得到岗位职级表。

个体均衡性

此标准要求公司根据员工个人业绩或能力的差异，给同一岗位上的不同员工不同的薪酬，即同一岗位上的不同个体的工资是可以不一样的，他们的工资应该与他们的业绩或能力成正比。对于新入职的员工，由于其尚没有业绩，所以就根据能力来确定。简单来说，就是对于从事同一岗位的员工，优秀员工应比一般员工得到的工资高。这个标准对于指导我们给新进者定薪定档和调薪，都给出了依据和原则。

这里涉及下面几个要点：

1. 仅仅是工资内部分配均衡并不能保证高业绩水平，只有将具体的业绩水平与具体的薪酬联系起来才能真正影响业绩。必须使员工坚信高业绩会带来高薪酬。

2. 业绩结果必须在员工的直接控制之中，工资激励才会产生作用。如果一个员工只有依赖另一个员工才能完成工作，或者在大多数情况下，目标不受他控制，那么薪酬机制就绝不可能成功地产生高业绩激励。

3. 尽管许多公司都确信它们以收入与业绩挂钩为原则，但事实上，它们可能并没有做到。

个体均衡性的实现，通常在薪酬模式中表现为对每一级工资设置一定的薪酬幅度。对于高业绩和高能力者，就将其薪酬在幅度内定高一些；对于业绩一般或不足的员工，就在幅度内定得低一些。

对管理者来说，在进行薪酬管理的时候，极为重要的一点就是要使内部均衡性、外部均衡性、个体均衡性三者保持独立，并争取都能实现。能否实现这一点，将对员工的公平感产生很大的影响。相比整个行业，一个员工的工资可能已经很高了，但他仍然感到不满意，这是因为薪酬不足以反映他的岗位对于公司的内在价值（违反了内部均衡性）。或者当一个员工可能觉得工资已经实现了内部均衡，但其工资不能充分体现他与其他员工的价值差异（违反了个体均衡性）时，他也会感到不满意。

第二章

岗位测评
——如何给岗位定工资级别

前文提出了外部均衡性、内部均衡性和个体均衡性，其中外部均衡性，可以通过企业的工资水平与行业市场水平保持可比性和一致性来实现。那么，如何实现内部均衡呢？

这就涉及了岗位测评的概念。岗位测评（Job Evaluation，也被译作岗位评估、职位评估等）指的就是管理层根据现有岗位的相对价值，确定和设定岗位工资水平的一个过程。在确定岗位相对价值的评估过程中，往往会用到评估要素，常用的要素包括：

1. 学历、经验；
2. 岗位要求的技能；
3. 沟通、解决问题的难度；
4. 工作条件。

它们为判定一个岗位的内在价值提供了依据。

由此可见，岗位测评是为尽量确保内部公平性的程序。它通常包括六个步骤。

第一步：引导工作分析，确定工作说明书

工作分析是人力资源管理程序的基础，如果工作说明书（Job Description）不够准确，岗位测评的结果也会是不准确的，这不利于实现薪酬的内部公平。有些工作说明书已经陈旧了（它们描述的岗位已经从根本上发生了改变）；有些工作说明书更新了，但言过其实；有些工作说明书具有明显的错误，所有的说明至少遗漏了一条以上的重要信息。还有一些工作说明书描述的是已经不存在的岗位，而现有的岗位则没有说明。

好的工作说明书能提供岗位测评通常需要的信息，如下面的实例。

工作说明书

职称：秘书

岗位概要：

在一般情况下，独立完成部门布置的行政和秘书工作；安排高级行政人员的活动和行程；执行由各种职员要求的特殊任务。

工作任务：

任务一：10%为记录不同职员的特殊活动。

任务二：60%是为经理人员完成普通的秘书工作（如信件、报告和电话任务等）。

任务三：10%为协调和回答电话问题。可能时提供适当的信息，不可能时直接呼叫其他适合的员工。

任务四：10%为执行要求的特殊任务。

任务五：10%为维护职员的约定日程和行程，与旅行机构联络制定行程细节和时间表。

管理职责： 无。

受到的监督： 25%直接监督；25%一般监督。

外部联络： 顾客、业务经理、旅行机构。

设备使用： 电话、电脑、复印机、录音机。

工作条件：

危险性：无。

工作环境：舒适。

噪声等级：在正常的办公噪声以下。

照明：极好。

室温：控制在20—22摄氏度。

其他：无。

岗位培训：

1. 所需经验：2—3年秘书工作（包括其他工作）。
2. 正规教育经历：

专业课程：速记、打字。

内部培训计划：电话礼节/信息接待。

其他：

1. 使用设备：电话、录音机、计算机、复印机。
2. 所需知识：整理文档、商务账目、电话礼节、一般商务经验。
3. 所需技能：打字、速记、数学。
4. 所需能力：简要说明，善于从他人的角度考虑问题。

5. 执行的时间和频率。
6. 困难等级：根据任务变化而不同。
7. 出错频率：基本上不易出错。

当然，在我们的实践中，没有工作说明书，不意味着不能进行岗位测评。实际上，很多时候岗位测评也不需要看工作说明书，只要评估者了解岗位的内容就可以了。唯独那些职责不清的岗位需要先明确其内容之后再对它进行测评。

当岗位的任职要求和职责处在略有发展变动的时候，我们对该岗位测评是通过想象一个虚拟的岗位，即2—3年内能实现的一个较为理想的岗位，来进行的。毕竟，我们测评出的结果是为未来两三年的薪酬管理使用的。

第二步：岗位测评的四种方法

岗位测评的四种方法：

岗位与岗位比较	排序法	要素比较法
岗位与要素比较	分类法	点值法

排序法

适用于小公司，也可以叫"拍脑袋法"。在任何情况下，都可以选出一个对机构价值最大的岗位，接下来选出一个价值其次的岗位，依次类推，直到选出对机构价值最小的岗位为止。

排序法的缺点：没有比较标准。有时候，岗位A的价值看起来好像大于岗位B的价值，但从教育差异上看，岗位B又可能看上去比岗位C更有价值，等等。缺乏标准会导致分级结果很容易受偏见影响而遭到争议。另外，强迫的排序法也没有考虑岗位的平等价值，没有表示出岗位A比岗位B的价值大多少。大多数个人在岗位评级中都会遇到麻烦：人们能够同意哪个岗位的价值最大，哪个岗位的价值最小，但是很难区分处于中间等级的岗位价值。

围绕这些缺点，可以运用成对比较法，将每一个岗位与其他岗位逐一进行价值比较，然后得出岗位价值排序。但是，如果有20个岗位评级，比较次数将是20×19÷2=190（次），工作量很大。

分类法

把岗位按照研发、行政等类别分类，由于各类岗位性质接近，因而可以使用同样的评估标准。比如，文书类人员的评估标准如下：

级别一：简单工作，无监督职责，无公共联系。

级别二：简单工作，无监督职责，有公共联系。

级别三：中等复杂工作，无监督职责，有公共联系。

级别四：中等复杂工作，有监督职责和公共联系。

级别五：复杂工作，有监督职责和公共联系。

分类法的缺点：岗位的差异越大，就应该分出越多的类别（工作簇），以确定各自的评估标准。如果在一个机构中岗位有太多的类别，那么这些不同的工作簇之间的价值比较就成了难题。如果分类太多，草拟级别的定义的工作量就很大。安置特别的岗位到一定的级别中，也往往容易遭到异议。

要素比较法

在要素比较法中，以几个要素为维度，把岗位与基准岗位做比较，以确定各自的级别。注意，这里是岗位跟岗位比，而不是岗位跟要素比（这是它与下文中的点值法的区别）。

要素比较法也涉及要素，常用的五种要素是智力、体力、工作所需技能、工作承担的责任以及与工作相关的工作环境。要素比较法操作起来较为复杂，在此不多做介绍。它和分类法一样，也不够普及。

点值法

点值法是最常用的一种明智的岗位测评方法，也是本书重点介绍的方法。它强调以要素来给岗位打分，从而确定岗位的分数高低，继而确定工资级别高低。一些典型的薪酬要素是教育、工作经历、独立工作能力、体能、视觉或脑力、对设备的责任、对原料的责任、对其他人安全的责任、监督的责任、工作环境、偶然事故和健康危险。事实上，一家公司愿意支付薪水的岗位的任何一个方面都可能是薪酬要素。

第三步：岗位测评要素的分数设定和分级

按照点值法，选择好岗位测评的要素后，我们必须细致地定义每一个要素并将每一个要素分出几个等级。这里给出一套要素举例，如表2-1所示。

表2-1 岗位测评要素定义、分值等明细表

（一）要素名称：知识和学历要求				
指标序号	要素定义：指从事本岗位工作必须具备的专业指标和相关知识，包括接受学校教育、进修以及在专业工作实践中积累上升所获得的知识学历，应是国家承认的高中、职业高中、中专、大专、本科、研究生等学历			分值	得分
1	高中、职业高中或中专毕业，了解基本的专业理论知识和操作知识			5	
2	大学专科毕业或相当程度（指中专毕业有6年以上专业工作经历，并获得相关的知识，有初级专业技术任职资格，掌握专业基本理论知识和必要的操作知识）			10	
3	大学本科毕业或相当程度（指大专毕业有5年以上专业工作经历，并获得相关的知识，或有助理级专业职务资格），掌握专业理论知识和全面的操作知识			15	
4	大学本科并有8年以上专业工作经历，获得相应知识（或大专毕业有10年以上专业工作经历并进修获得相应的知识或中级专业职务资格），较系统地掌握专业理论知识和全面的操作知识			20	
5	研究生（含MBA）毕业或相当程度（指具有高级专业职务任职资格），系统了解掌握专业理论知识和全面的操作知识，了解国内外专业管理知识与实践的现状和发展方向			30	
6	精通本岗位专业知识，在专业理论和实践操作知识方面有深厚的造诣，并有创新和开拓精神，掌握国内外同行业的现状和发展方向			40	
（二）要素名称：能力要求				
指标序号	要素定义：指工作对于任职者各种心理层次上的能力的要求，例如人际关系能力、分析判断能力、创新能力等，以能力的种类和程度进行判断			分值	得分
1	不需要具备特别的能力			5	
2	需要一般的能力，达到平均水平即可			10	
3	需要多种能力			20	
4	需要多种能力，其中几种较为突出			30	
5	需要较为全面的能力，并且十分突出			40	
（三）要素名称：工作复杂性				
指标序号	要素定义：反映该职位工作任务性质的单一性和多样性情况。通常以任务的数量、复杂性、变动性反映出来			分值	得分
1	日常的事务性工作，只需要简单的常识即可工作			5	
2	有一定的、较为简单的方法和程序，需要一定的经验和培训，工作较为固定			10	
3	经常遇到不确定的情况，需要按照较为复杂的规则进行处理			20	
4	工作中接触的人、物、事件较多，需要主动探索解决办法			30	
5	工作中处理大量的人、财、物信息，需要高超的处理技巧			40	

续表

(四)要素名称：职权		
指标序号	要素定义：指职位在工作范围内具有的对人、财、物等资源进行调配安排的权力	分值 得分
1	完全按照指令进行工作，无须思考	0
2	承办一项或几项具体工作，并且要提出初步处理意见或建议	5
3	分管一项或几项工作，提出具体方案，直接做出决定	10
4	协助部门正职领导负责一个或几个方面的工作	15
5	负责部门的全面工作	20
6	协助公司领导负责公司多个部门的工作	30
7	负责公司的全面工作	40

(五)要素名称：责任轻重		
指标序号	要素定义：指本职位所从事的工作中如不小心出现失误，在其职权范围内和对其他相关事物的影响程度和范围	分值 得分
1	工作失误，基本不造成什么影响	5
2	工作失误，可能会给本部门造成一定的影响	10
3	工作失误，可能会给本部门造成较严重的影响	15
4	工作失误，可能给公司带来一定的影响	20
5	工作失误，可能会给公司带来较为严重的影响	30
6	工作失误，可能会导致极为严重的影响	40

(六)要素名称：指导监督		
指标序号	要素定义：指在正常权力范围内所拥有的正式指导监督权。其责任大小根据所监督和指导员工人数和层次进行判断	分值 得分
1	无监督指导下属	0
2	虽无下属，但是经常在授权下监督某些事务或者对他人工作进行指导	5
3	监督指导 2 个以下的一般员工	10
4	监督指导 3—10 个一般员工	15
5	监督指导 10—20 个一般员工	20
6	监督指导部门经理（总监）	30
7	监督指导公司的全面工作	40

续表

（七）要素名称：协调沟通				
指标序号	要素定义：指该职位与内外部往来时所要求和体现的目的。其中"一般工作技术往来"主要指文件传递、办理手续、信息传递、接待来访等例行公事			分值	得分
1	基本上没有与他人沟通协调的事项			2	
2	与公司其他部门内部普通人员和普通外部人员的一般工作往来			10	
3	与外部政府机构、团体进行沟通联系，办理相关手续			15	
4	与公司各级人员沟通协调，寻求工作上的支持与配合			20	
5	对外，代表公司办理重要事项；对内，指导、检查部门工作			30	
6	对外，出席重要场合的重大活动；对内，制定决策，协调全公司的活动			40	
（八）要素名称：计划组织要求				
指标序号	要素定义：指对工作中涉及的人、财、物以及工作进程等进行整体上的安排、协调的要求			分值	得分
1	不需要对工作进行计划和组织，只须按照指令执行即可			0	
2	需要对工作中涉及的人、财、物进行简单的计划，并且组织安排			5	
3	经常需要协助部门主管制订计划，并协助进行工作的组织安排			10	
4	工作中牵涉较多，需要经常性地做部门工作计划，并且进行组织协调			20	
5	经常进行全局性的计划工作，并对整体工作进行组织推动			30	
6	战略远景层次的计划制订			40	
（九）要素名称：工作压力				
指标序号	要素定义：指工作的节奏、时限、工作量、注意转移程度和工作所需的对细节的重视而引起的工作压力			分值	得分
1	从事程序性工作，心理压力较小			5	
2	程序性工作较多，有时会出现不可控因素，有一定的心理压力			15	
3	脑力付出较多，工作中常出现不可控因素，心理压力较大			25	
4	需要付出的脑力强度大，不可控因素多，心理压力大			40	
（十）要素名称：工作环境				
指标序号	要素定义：指工作时环境对任职者身体、心理健康影响的程度			分值	得分
1	工作环境良好，只有5%以下的工作时间处于不良环境			15	
2	6%—20%的工作时间处于不良的工作环境			25	
3	21%—50%的工作时间处于不良的工作环境			40	
4	50%以上的工作时间处于不良的工作环境			55	

如何依照这些要素来评分，需要设计一个打分系统。笔者推荐使用1 000点为总点数。总点数分摊到各个要素上去。如果要素包括教育、工作经历、体能、责任和工作环境，我们可以给教育要素满分300点、经验300点、责任200点、体能和工作环境各100点。确定点数时要根据各个要素的重要性权重深思熟虑。

企业战略可以指导组织做决定。比如，在一个高科技专业组织中，教育可能是最重要的。相反，在一个零售机构教育可能最不重要。

确定了每个要素的点数后，比如，教育要素占有了1 000点中的300点，还要决定这些点数被安排到了哪个等级。我们要确定该要素每一等级折合的点数，最高等级占有了全部点数。然后才能用以给岗位打分。

下面是一份要素赋分系统实例，如表2-2所示。

表2-2 要素赋分表

评估要素	权重	要素分数	1	2	3	4	5	6	7	8
知识	9%	90	9	13	19	28	42	61	90	—
经验	13%	130	13	19	28	41	60	89	130	—
工作范围	10%	100	10	15	22	32	46	68	100	—
决策权	16%	160	16	25	40	64	101	160	—	—
误差的后果	13%	130	13	21	33	52	82	130	—	—
内部沟通	5%	50	5	8	13	20	32	50	—	—
外部沟通	8%	80	8	13	20	32	50	80	—	—
督导责任	12%	120	12	19	30	48	76	120	—	—
督导的人数	6%	60	6	8	12	16	22	31	43	60
研发能力	8%	80	8	14	25	45	80	—	—	—
总点数		1 000								

上表一共分出10个要素，总点数1 000，根据这10个要素的重要性，把1 000点分配到不同要素上去，比如知识要素分数为90点，该要素分成7等，第1等是小学毕业，第2等是中学毕业，等等。我们把90点平均或不平均地分配到知识要素的各个等级上。注意，不是各个等级的点数加起来得90点，而

是最高一等（7等）是90点，第6等相应递减。递减的间隔既可以是均匀的，也可以是不均匀的，等级越高差距越大。之所以不均匀，是因为对于某些要素来说，比如硕士和本科之间的分数差距，应该比高中和大专之间的差距更大，因为两组之间的价值差异更大。

对表2-2的实例来说，各等级的分数，就是按照1.1倍或1.2倍递增的。这个递增的比例跟等级数量有关，等级数量越多，递增比例就越小。

实际上，对测评的最终结果来说，使用均匀等额递增（比如两等之间都相差50分）赋分，和按比例递增最终得到的岗位价值排序应该是基本相同的，实践者可以酌情选择。

在本书的第七章里，笔者给出了实用的12套岗位测评要素，读者可以根据各自企业（制造业、服务业、互联网等）的特点，选择适用于自己的一套。也可以进行编辑修改，比如，把其他某套要素中的某个要素替换到自己所选的一套中。关于要素的描述和等级描述，也可以根据公司的实际情况进行修改。比如，教育要素中第1等是初中，而公司里的最低学历是大专，那么你就可以把第1等的描述修订为大专。

第四步：组成评估小组，进行岗位测评

评估小组的组成

为便于讨论，建议人数为7—10人，由公司高管和主要部门负责人组成。评估时，被评估部门负责人（未必是评估小组成员）也参与讨论和评价。

有了要素和要测评的岗位，就可以对岗位价值打分评价了，那么谁来打分呢？评估的时候谁来评估是至关重要的，由于每个经理对全公司各种岗位的认识程度不一样，所以要成立一个评估小组。评估小组的成员包括企业的高管，人力资源、财务、行政部门负责人，关键业务部门的经理。评估到生产部的时候，就把生产部的总监找过来，生产总监加上评估小组一起把生产部内部的岗位评完。评估到设计部时就请设计总监一起来评估设计部岗位，直至所有部门都评估完毕。最后，由总经理把关，他可以调整评估结果。这体现了过程公平性。

评估小组的工作规则

1. 代表公司利益，而不是某个部门的利益。

2. 评估的是岗位而不是该岗位的任职者。

3. 岗位评估是基于对岗位的了解，所以须以工作说明书为基础。如果工作说明书的描述不够充分，需要与岗位任职者的直接主管联系。

4. 不要激烈争吵。

5. 评估同一级岗位时，一次评估一个，尽量不要受到前一岗位评估结果的影响。（最好是随机抽样进行评估）

6. 每个专家小组成员都要发表自己的意见。

7. 组长负责讨论的整体协调。

8. 保密很重要，任何人不得向外透露与评估结果相关的任何信息。

9. 评估是一种判断，因此没有绝对正确的答案（集体决策可降低偏差）。

10. 评估前要审定乃至修正工作说明书。

11. 评估小组成员要自始至终参与评估的全过程。

总结一下，评估可以组成评估小组，由小组成员讨论评价每一个岗位。当评估到某一个部门时，请该部门总监参加讨论，并让其发挥相对重要的作用。此外还有一种方式，就是所有领导不讨论，只进行纸笔打分，然后汇总分数。在进行分数汇总时，给予领导较高的权重。这种评价方式较为节省时间。

这两种评价方式也可以结合进行，比如，先进行纸笔集体打分，然后针对效果不好、有问题的部门的结果，再召集该部门相关管理人员进行讨论打分和修正。

实际上，全体部门负责人集中纸笔评价（每个人评价公司的每个岗位）和评估小组与相关部门经理逐个讨论评价，这两种方式最终得到的全公司岗位排序的结果差别很小。这是因为，虽然人在做评价的时候，偏差难免存在，但是研究发现，选择不同的评价组织方式，其实对最终评价结果的影响并不大。到底选择两种组织方式的哪一种，主要还由企业的决策管理风格和习惯决定。

下面是一家企业关于岗位测评小组的实例，该企业选择由部分管理者成立小组，对企业所有岗位进行测评打分的方式。

成立岗位评估小组的意义：

（1）避免因为个体对职位价值认识的片面性和局限性所带来的评价偏差。

（2）避免个体评价过程中的差异性和不确定性，从而确保评价数据的客观、公正和准确。

（3）确保评价数据和结果在员工心目中具有足够的公信力。

成立岗位评估小组的原则：

（1）熟悉岗位评估知识：岗位评估小组成员应该了解岗位评估知识，这是客观公正地进行岗位评估的前提。

（2）多人参与：为了避免岗位评估过程中出现的人为因素，降低评估偏差，建议在成立岗位评估小组的时候采用多人参与方式，一般来说5—8人为宜，小组成员既要包含领导干部、人力资源专家，还应包括员工代表。

（3）成员之间平等：岗位评估小组的成员来自公司各个部门，在项目小组中，不存在行政所属关系，每位成员都有表达个人观点的权力。

（4）评估小组公开：评估小组成立后，应该公开评估小组成员，这样一方面可以使其他员工了解自己岗位价值评估的来源，另一方面也为评估小组成员施加压力，使得他们更客观公平地进行评估。

遵循以上原则，该公司确定了评估小组成员：公司总经理、生产副总经理、营销副总经理、综合管理部经理、人事经理、工程管理部经理、薪酬主管、软件工程师甲（广大员工举荐的员工代表）。其中，人事经理负责策划和组织岗位评估会议。

评估小组职责：

（1）掌握岗位评估模型内容及操作原理。

（2）进行岗位评估，并对自己的评估结果负责。

（3）负责为员工解释评估结果和评估过程，使员工充分理解岗位评估工作。

岗位评估培训：

成立评估小组后，还要对他们进行岗位评估培训。

岗位评估是一项专门的技术，必须经过培训，才能展开岗位评估工作。公司的人事经理负责对小组成员进行培训。培训内容分为三个方面：

（1）开展岗位评估工作的意义。只有大家真正认识到岗位评估的重要性，真正把握岗位评估的价值所在，才能够成功地开展各项工作。

（2）岗位评估方法。把握岗位评估的标准与细节是有效展开岗位评估工作的关键。

（3）岗位评估的流程。通过半天的封闭式培训，小组成员基本掌握岗位评估方法。然后，评估小组选择工程调试部门经理、工程设计部经理两个关键职位，以这两个职位为例进行开放式的评价。针对工作说明书，项目小组成员各自写下自己的评估结果，人事经理汇总每个人的评估结果，每位成员都要说出自己对每一个因素的评价。

注意事项：

（1）评价过程保密。

由于评估工作的严肃性和结果的重要性，一般对岗位评估全过程都需要保密，所有评估在未确认前都是尝试性的。因为评估结果与员工根本利益相关，不得将过程中的数据对外公布。

（2）评估岗位而非任职者。

对岗不对人是岗位评估的根本原则，在评估时考虑称职的、可接受的表现，不可提高或降低职位要求。

岗位评估数据检验：

为了保证数据处理的正确性，项目小组应成立一个2人工作组，以便互相监督，保证数据输入、处理的准确性。小组的评估结果出来后需要汇总，计算每个因素的平均值，如果偏差大于15%，则应考虑重新评估，待达成一致后，统计职位分值，输入职位级别。

在总经理办公会上，公司总经理组织了岗位级别的研讨，大家根据公司战略重点，将个别岗位做了微调，最终确定了岗位级别，并及时发布，同时建立申诉程序，征求员工意见，项目小组成员负责解答困惑。

第五步：回归拟合进行校验

如何判断你的测评分数结果是否合理呢？可以用统计学中回归拟合来校验。

我们知道，岗位的市场工资价值是相对客观的，那么，市场价格高的岗位，测评分数也应该高；市场价格低的岗位，测评分数也应该低。

回归拟合可以验证分数的高低与市场价格的高低是否匹配或者协调。回归拟合要先建立一个与岗位的市场价格（市场工资）有关的模型。一般回归拟合使用"线性多项式函数"模型，还有非线性回归（如指数函数），后者一般是我们推荐的。

线性多项式函数的形式是 $y=a+b_1x_1+b_2x_2+\cdots+b_nx_n$

一般来说，市场评估得到的分数作为 x，市场工资作为 y 值。对这一组 x、y 值在Excel表上进行画图分析，如果画出的点（每个点代表一个岗位）非常趋近于一条虚拟的趋势线（线性多项式函数或指数函数），就认为评估的分数结果与市场上各个岗位工资高低趋势相符，兼顾了内部均衡和外部均衡。

表2-3是笔者在一个咨询案例中为企业岗位测评的结果，图2-1是企业测评回归分析的结果。

表2-3 某企业岗位测评表

岗位名称	教育	经验	主动性和创造性	监督管理	任职资格	环境条件	失误的后果	机密资料	市场价格
副总经理	87	200	81	69	177	25	70	709	16 800
总工程师	67	185	77	69	177	25	63	663	15 900
财务总监	67	185	81	69	177	25	63	667	14 500
生产部经理	67	149	81	77	152	25	56	607	12 000
设计公司经理	80	138	81	62	159	25	56	601	10 000
财务部经理	53	138	81	62	147	25	54	560	8 900
维修公司副经理	67	112	71	62	119	25	45	501	8 000
市场部副经理	40	108	77	62	136	25	54	502	8 000
生产项目部工程师	33	77	56	62	89	25	40	382	7 600
生产部计划室主任	47	82	24	62	119	25	40	399	5 600
工艺师	64	82	60	54	119	25	40	444	7 800
行政秘书	13	46	56	39	53	25	28	260	4 300
出纳	13	46	24	46	53	25	23	230	3 200

第二章 岗位测评
——如何给岗位定工资级别

市场价格（单位：元）　　　　　　　　　　　　　　　　◆ 岗位

$y=586.79e^{0.0043x}$

$R^2=0.8162$

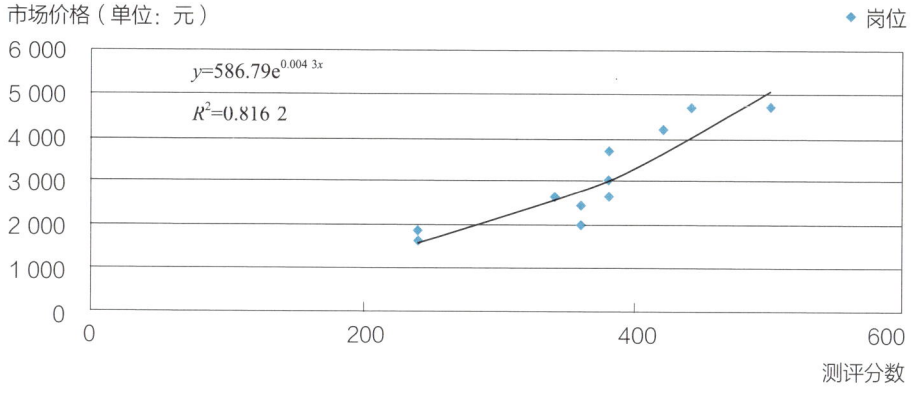

图2-1　企业测评回归分析图

在上述案例中，对岗位分数进行回归拟合，得到曲线。每一个点代表一个岗位，当点偏离曲线比较远的时候，就说明该岗位评测的相对有问题（假定市场价格是正确可靠的）。如果点位于曲线的右下方，就表示分数测评偏高（因为点的横坐标是测评分数，纵坐标是市场价格），相反，如果点位于曲线的左上方，就表示评测偏低。而点如果相对靠近曲线，就表示评测的分数高低与岗位市场价格的高低是吻合的。

总之，点越靠近曲线，表示评测得越好。点靠近曲线的程度用关联系数R^2来表示。

在上述案例中，该曲线的关联系数$R^2=0.816$。R^2值越大，说明两组数据（分数与市场工资）的高低趋势越符合，意思是你评测结果分数高的岗位，市场上给它定的工资也高，你评测结果分数低的岗位，市场上给的工资也是低的——外部均衡性和内部均衡性得到了统一。我们的标准是，关联系数R^2要大于0.8。

在上例中，R^2大于0.8，说明兼顾了内外均衡。如果R^2值较小，说明岗位测评工具有问题，比如，所选要素不适合你们企业，或者要素间的权重不合理，或者评估过程中对岗位打分不准确。当然，也有可能是市场价格本身不准确。

总之，借助测评分数与市场价格的回归分析得到的R^2，可以判断这次岗位测评打分的有效性。

当然，如果企业未能获取可靠的市场数据，比如薪酬调查报告，这一步校验工作就没法做，也不必做了。当然，也可以使用这些岗位的实际工资（即企业给他们的工资）进行校验，但是因为实际工资未必合理，所以这样进行校验的参考作用有限。

以上这种对测评分数与市场价格进行回归拟合的操作，可以在Excel表中实现，即以测评分数为横坐标，市场价格为纵坐标，画出一个个点，再添加趋势线，就完成了上图的拟合，并给出R^2。

第六步：得到岗位分级，即职级表

有了岗位测评的分数，就不难根据各个岗位的分数高低，来给岗位分级（比如分成15级、16级），得到职级表。如表2-4所示。

具体分级方法是，我们找到测评分数中的最高分和最低分，将其分成若干段（如果要分成15级工资，就分成15段）。然后，某一岗位分数落在哪一段，该岗位就在哪一级工资上。

对上述职级表的内容，如果总经理同意的话，可以调整某岗位的级别。毕竟岗位测评带有一定的主观性，其结果可能在某些岗位上并不准确，最后直接由总经理调整该岗位的级别也是可以的。

岗位测评完成后，就可以设计每级工资幅度，具体见下一章。

岗位测评步骤实例

下面，我们举一个实际企业通过岗位测评，完成岗位价值评价，最终得到岗位的级别表（以岗定级）的具体过程的例子，该企业连贯地完成岗位测评，特点是简便、易用、科学、准确。

1. 输入需要测评的岗位，如图2-2所示。
2. 选择岗位测评要素，如图2-3所示。

进行岗位测评时，可以使用本书提供的某一套岗位测评要素（或多套结合使用）。需要输入测评要素名称，以便下一步进行测评操作。

一些常见的可供参考的岗位测评要素：职权、责任轻重、指导监督、工作复杂性、工作方法、工作关联（协调沟通）、计划组织要求、最低学历要求、知识范围、专业难度、工作经验、资格证书、能力要求、语言要求、技能要求、工作压力、工作时间特征、环境特征。只需要输入该要素的名字即可。

第二章 岗位测评
——如何给岗位定工资级别

表 2-4 职级表

职位等级	序列	公共关系	财务	人力资源、行政	销售	市场部	13-广州办	14-上海办	12-企业事业部	运营	开发	开发专业人员
15	营运战略规划层			行政人事副总	副总裁	副总裁	华南总经理	华东总经理	事业部总经理	执行副总	总工程师、客务主管、新产品经理	
14	总监	政府关系副总	资深财务副总	法务总监	华北总监、渠道总监	市场总监	销售总监	销售总监			企业产品经理、个人产品经理、系统部经理	
13					销售副总、执行销售总监		客户总监			短信总监、新闻中心总监		高级项目经理Ⅱ
12			资深财务经理	人事经理	客户总监、策划总监			销售部经理			产品部经理、技术支持经理	高级项目经理Ⅰ、资深工程师Ⅲ
11				行政总监、资深法务经理	用户界面经理、广告主管	资深公关媒介经理	制作人	制作人		媒体拓展总监、信息中心副总监	质量部经理	项目经理Ⅱ、资深工程师Ⅱ
10	基层经营管理层/高级专业人员			采购经理、行政经理、法务经理、生产经理	策划经理、项目管理经理	产品市场经理、营销策划公关媒介经理	市场经理、业务拓展	市场经理、业务拓展	市场经理	电商总监、新闻中心副总监、信息副总监	总工助理	项目经理Ⅰ、资深工程师Ⅰ
9			财务经理				客户经理	客户经理	客户经理	技术支持经理、客户服务经理、新闻频道主编		安全工程师Ⅱ、工程师Ⅱ
										新闻频道副主编、信息频道副主编		

23

续表

职位等级	序列	公共关系	财务	人力资源、行政	销售	市场部	13-广州办	14-上海办	12-企业事业部	运营	开发	开发专业人员
8	专业人员			培训经理、招聘经理	客户经理	市场活动经理、持续改善整制(CI)经理、广告经理、市场研究经理	技术	技术	运营主管	高级编辑		开发工程师、用户体验工程师、安全工程师I、工程师I、设计师、文档工程师、运营工程师
7			出纳、会计	法务助理	用户界面工程师		编辑、媒介策划、行政/财/人经理、主编、广告管理	编辑、媒介策划、行政/财/人经理、主编、广告管理				初级工程师II
6			库房管理	福利专员	用户界面设计师、广告管理、销售助理				销售助理	信息频道副主编、媒体拓展助理、支持工程师		初级架构师、初级用户界面(UE)工程师、初级工程师I、初级设计师、初级文档工程师
5	助理			行政助理	销售助理	市场助理、业务助理						
4				采购助理		公关助理				编辑II		
3						部门兼职助理				编辑I		
2	操作人员											
1												

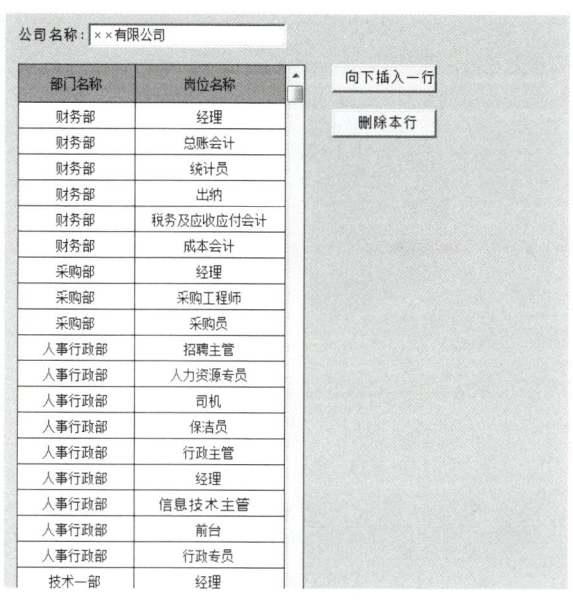

第二章 岗位测评
——如何给岗位定工资级别

图2-2 要测评的岗位

一般来说，一家企业最好只用一套岗位测评要素，不要为不同类型的岗位设计不同类型的要素。工人可以单独设计一套要素，其他人员则全用同一类型的要素。这样才能在全企业范围内实现内部均衡。使用同一套标准来测评所有岗位，这就要求你选择的测评要素能够适用于企业大多数岗位，做到这一点似乎很难，其实图2-4所提供的要素及其比重，适合企业大多数岗位乃至所有岗位。

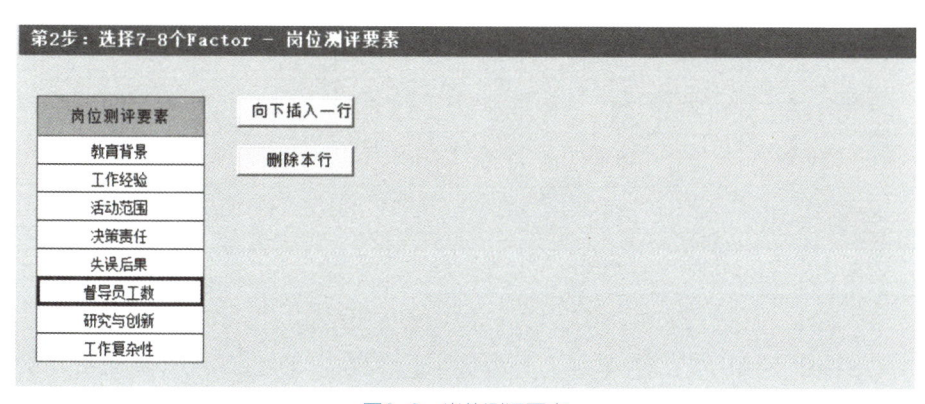

图2-3 岗位测评要素

25

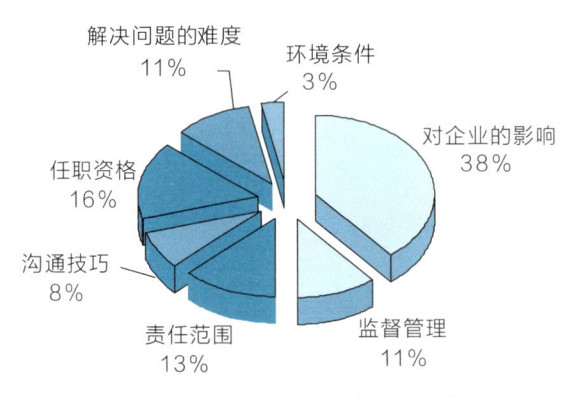

图2-4 企业岗位测评要素及其比重

3. 设计测评要素的打分量表，如表2-5所示。

表2-5 设计测评要素的打分量表

岗位测评要素	权重(%)	最高分数	级数	层级与分数						
				1	2	3	4	5	6	7
教育	8	80	6	8	13	20	32	50	80	
经验	10	100	6	10	16	25	40	63	100	
技术含量复杂	11	110	5	11	20	35	62	110		
影响	13	130	5	13	23	41	73	130		
内部联系	11	110	6	11	17	28	44	69	110	
外部联系	11	110	5	11	20	35	62	110		
督导责任	13	130	5	13	23	41	73	130		
督导员工数	5	50	6	5	8	13	20	32	50	
解决问题的难度	10	100	6	10	16	25	40	63	100	
工作的创造性	8	80	6	8	13	20	32	50	80	
	100%	1 000								

当我们确定了测评要素后，还要确定各个要素的权重。本步就是给要素的各个等级赋予分数。首先设定总分数为1 000分，然后给每个要素赋予权

重。有的岗位测评要素资料中，要素已经被设定了权重。企业可以根据各个要素的重要程度，自行调整和设定权重的设计，权重的总和应该是100%。

给要素设定权重后，还要确定和输入每个要素分为几级，比如教育这个要素，可以设定初中为1级、高中为2级、大专为3级、本科为4级、硕士为5级、博士为6级。

录入权重和要素的等级总数后，接着设定每个要素的每级折合多少分，如表2-5所示。这样才能给不同的岗位打出分数，知道它在每个要素上被评为几级，折合多少分，全部起来就是该岗位总分。每级设定的折合分数，是按照同样的比例从1级到6级递增的，以此凸显高等级的更高价值。但是，如果想将要素各等级的分数进行均分设定，实际也是可行的。从评价的理论上来讲，评价工具的小差异对评价最终结果的影响并不像我们想象得那么大。

4. 进行岗位测评，岗位测评表如表2-6所示。

表 2-6 岗位测评表

部门名称	岗位名称	影响	内部联系	外部联系	督导责任	督导员工数	解决问题的难度	工作的创造性	总得分
财务部	经理	4+	4+	3+	3	2	4	3-	450
财务部	总账会计	3+	3-	2+	1	1	3-	2	247
财务部	统计员	2+	3-	2-	1	1	2-	2	183
财务部	出纳	2+	2+	2+	1	1	2-	2-	168
财务部	税务及应收应付会计	3	3-	3	1	1	3-	2+	246
财务部	成本会计	3	3-	2-	1	1	3-	2+	226
采购部	经理	4-	4	4-	3	2	3+	2+	404
采购部	采购工程师	3-	3	3	1	1	2+	1+	234
采购部	采购员	3-	3-	3-	1	1	2	1+	201
人事行政部	招聘主管	3-	3+	3	3	2	2+	2+	282
人事行政部	人力资源专员	2	3-	2-	1	1	2-	2-	173

续表

部门名称	岗位名称	影响	内部联系	外部联系	督导责任	督导员工数	解决问题的难度	工作的创造性	总得分
人事行政部	司机	2-	1+	1+	1	1	1	1	135
人事行政部	保洁员	1	1	1	1	1	1	1	101
人事行政部	行政主管	2	3-	2+	3	2	2	2	221
人事行政部	经理	4-	5-	4-	4	3-	4-	3-	477
人事行政部	信息技术主管	2+	3-	2-	1+	1	3-	3-	240
人事行政部	前台	1	2-	2-	1	1	1	1	127
人事行政部	行政专员	1+	2	1	1	1	2-	2-	151
技术一部	经理	4-	4	2+	3	3	4-	3	409

进行岗位测评时，可使用表2-7。由公司核心领导，对企业所有岗位，集体进行测评打分，从而定级。

表2-7 某企业岗位测评表实例

部门	现岗位名称	要素1：知识	经验	决策责任	影响力	内部联系	外部联系	督导责任	督导员工数	解决问题的难度	工作的创造性	技术含量或复杂性
效能管理办公室	副主任											
	行政经理											
	数据分析师											
	数据分析专员											
	培训专员											
	督办专员											
	财务专员											
	督办员											
督导委员会办公室	集团合伙人、合伙人会议主席高级助理、合伙人会议办公室高级行政经理											

第二章 岗位测评
——如何给岗位定工资级别

续表

部门	现岗位名称	要素1：知识	经验	决策责任	影响力	内部联系	外部联系	督导责任	督导员工数	解决问题的难度	工作的创造性	技术含量或复杂性
综合管理部	总监											
	副总监											
	主管											
	副主管											
	行政经理											
	行政专员											
	采购专员											
	工服管理员											
	行政前台											
	前台											
	营养师											
电子商务运营部	副总经理											
	电子商务高级总监											
	电子商务运营部联席总监											
	电子商务运营部主管											
	行政经理											
	高级产品经理											
	产品经理											
	产品经理助理											
	助理产品经理											
	产品助理											
	用户界面设计师											
	数据分析（BI）工程师											
	推广经理											

薪酬激励体系设计

续表

部门	现岗位名称	要素1：知识	经验	决策责任	影响力	内部联系	外部联系	督导责任	督导员工数	解决问题的难度	工作的创造性	技术含量或复杂性
电子商务运营部	网络推广专员											
	客户关系管理产品经理											
	市场经理											
	运营经理											
	运营主管											
	网络运营											
	项目运营											
	运营助理											
	会员营销经理											
	会员营销											
	活动策划											
	积分运营											
	项目运营管理											
	综合运营管理											
	运营综合管理											
	文案策划助理											
	互联网数据分析专员											
	行政管理专员											
	内容运营编辑											
	顾问											
	数据分析专员											

说明：
评价者打分时，只需要写下等级数，由人力资源计算转换为分数。
等级数可以是整数，也可以是"3+"或"3-"，"3+"折合的分数比3级折合的分数略高四分之一，同样，"4+"折合的分数比4级折合的分数低四分之一。通过这种"+""-"可以测评得更精准。
在进行本步测评前，首先要组成企业的评估小组，评估小组由高级管理人员、人力资源部人员和某些部门的代表组成。在实际评估中，当书面的工作说明书被某些不了解情况的人误解时，另一些熟悉该岗位的人就可以在这时起作用了。评估小组可以用讨论的方式，经讨论后得到唯一的结果。
企业也可以不组建评估小组，而是把所有的领导人和部门经理召集到会议室，每人发一份测评要素的描述及企业的所有岗位名单，每个领导和经理用纸笔对每个岗位进行等级评定。

5. 校验岗位测评结果，如图2-5所示。

岗位测评结果出来后，似乎没办法知道测评结果的准确性，但我们在上文已经介绍了回归拟合，它可以校验评估的结果是否和市场趋势相符合。大致说来，是把每个岗位的测评分数作为横坐标，把其市场价格作为纵坐标，这样就画出一个点。多个岗位，就有多个点，然后画出一条趋势线——所谓趋势线，就是离每个点都最近的一条线。

然后，如果某个点落在线的右下方，且比较远，就说明这个点测高了（分数打高了），落在左上方，则表示测低了（分数打低了）。当然，点不可能刚好都落在线上，稍微有一些偏差是正常的，偏得远的才表示测评分有问题。

对于偏得远的，也许你需要重新测评或者修改它的分数。当然，也可能不需要修改，因为问题可能出在该岗位的市场价格非常特别，而你认为你对它的价值评定是可以接受的。总之，本步能起到校验和检查的作用。

如果你发现上图的某些"点"（岗位）偏离趋势线太多，就说明这些岗位测评有问题，你需要和这种岗位所在的部门经理与评估小组成员一起考虑重新测评这些岗位。

部门名称	岗位名称	测评得分	市场价格
财务部	经理	450	7 800
财务部	总账会计	247	4 500
财务部	统计员	183	3 000
财务部	出纳	168	2 800
财务部	税务及应收应付会计	246	4 700
财务部	成本会计	226	3 600
采购部	经理	404	7 500
采购部	采购工程师	234	5 000
采购部	采购员	201	4 000
人事行政部	招聘主管	282	4 000
人事行政部	人力资源专员	173	3 000
人事行政部	司机	135	3 000
人事行政部	保洁员	101	1 800
人事行政部	行政主管	221	5 000
人事行政部	经理	477	10 000
人事行政部	信息技术主管	400	0 900
人事行政部	前台	127	3 000
人事行政部	行政专员	151	
技术一部	经理	409	
技术一部	高级电力电子工程师	366	
技术一部	中级电力电子工程师	236	

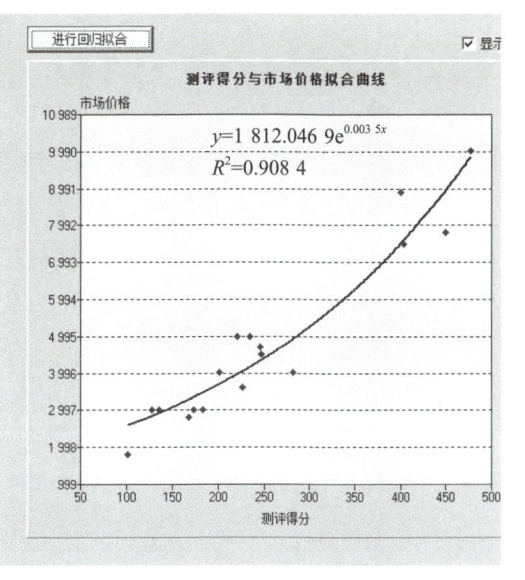

测评得分与市场价格拟合曲线

$y = 1\,812.046\,9e^{0.003\,5x}$
$R^2 = 0.908\,4$

图2-5　岗位测评结果

6．设定工资级别数量，如图2-6所示。

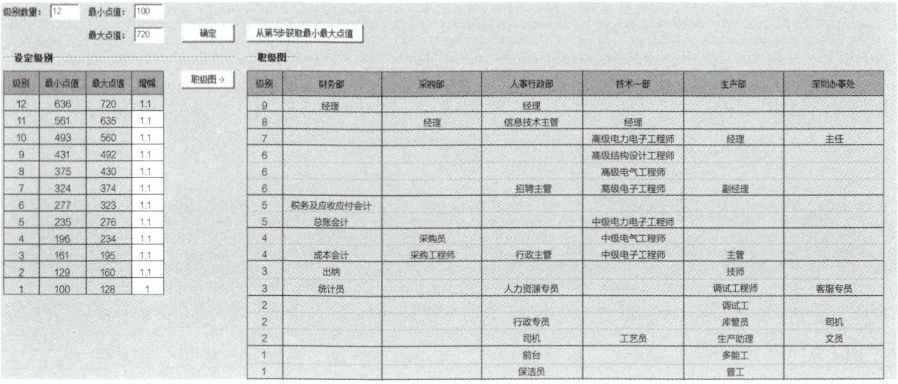

级别数量：12　最小点值：100

最大点值：720　确定　从第5步获取最小最大点值

设定级别

级别	最小点值	最大点值	增幅
12	636	720	1.1
11	561	635	1.1
10	493	560	1.1
9	431	492	1.1
8	375	430	1.1
7	324	374	1.1
6	277	323	1.1
5	235	276	1.1
4	196	234	1.1
3	161	195	1.1
2	129	160	1.1
1	100	128	1

职级图->

职级图

级别	财务部	采购部	人事行政部	技术一部	生产部	深圳办事处
9	经理		经理			
8		经理	信息技术主管	经理		
7				高级电力电子工程师	经理	主任
6				高级结构设计工程师		
6				高级电气工程师		
6			招聘主管	高级电子工程师	副经理	
5	税务及应收应付会计					
5	总账会计			中级电力电子工程师		
4		采购员		中级电气工程师		
4	成本会计	采购工程师	行政主管	中级电子工程师	主管	
3	出纳				技师	
3	统计员		人力资源专员		调试工程师	客服专员
2					调试工	
2			行政专员		库管员	司机
2			司机	工艺员	生产助理	文员
1			前台		多能工	
1			保洁员		普工	

图2-6　设定工资级别数量

完成岗位测评后，就开始给岗位分级了。在本步骤中：

（1）先要确定公司定多少级工资，比如此案例中是16。

有几个因素会影响工资级别数量的设定。主要的决定因素是企业岗位数量，岗位数量越多，级别也就越多。机构中的纵向等级数量也会影响级别数量。也就是说，企业的层级数越多，要求的工资级别数量也就越多。上级和下属一般不会在同一工资级别上。职业发展问题也会影响级别数量，职业发展通过在级别之间的移动而体现出来。

（2）找出你所评估的所有岗位的分数中的最高分和最低分，把最高分和最低分分成你所设定的若干分数段（此案例是16个）。

（3）制作“职级表”。根据每个岗位的得分，以及该岗位落在哪一个分数段里，把该岗位定为多少级（比如落在第二分数段里，就将该岗位定为第二级），从而做出岗位的职级表。未来该岗位就执行这级工资的标准。

也可以在Excel表上对某些岗位的级别进行人为调整，比如升高一级或者降低一级——当你觉得该岗位的测评不是很准的时候。

这样，就完成了岗位测评，如表2-8所示。

表 2-8　某公司文旅岗位的价值评价

级别	职位序列	主要岗位
P12	大部经理	大财务部经理、大营销部经理、大工程部经理、大房务部经理、大人力资源部
P11	大部经理	大采购部经理、大温泉部经理、大餐饮部经理、党群工作部主任、总经理办公室主任、企业管理部经理、大安保部经理、培训中心经理、俱乐部经理、蟒山公园经理
P10	经理	温泉部经理、营销部经理、党群工作部副主任、房务部经理、房务部经理（八达岭）、餐饮部经理、财务部经理、工程部经理、安保部经理、培训中心副经理、俱乐部副经理、蟒山公园副经理、企管部副经理
P9	部长	营销部长、凤山安保部长、财务部会计部长、财务部管理人员、培训中心综合管理部部长、八达岭采购部长、八达岭工程部机电维修室主管
P8	部长	餐饮部部长、前厅部长、组织部部长、质检部长、企划部长、采购部部长、凤山安保分部干事、人事行政部长、企业管理部部长、八达岭财务部收银部长、绿化环保部长、客房部长、群团部长（工会及共青团）、行政部长、招聘部长、八达岭财务部库房部长、维修工段部长、宣传部部长、培训部长、八达岭报表会计、动力运行部长、纪检监察部长、八达岭资产成本会计、信息中心部长、俱乐部前台部长、蟒山公园行政部长、八达岭工程部绿化保洁主管、八达岭人事行政主管、八达岭客房主管、八达岭工程部动力运行主管、八达岭培训主管、八达岭前台主管、八达岭工程部网管主管
P7	部长/主管等	康乐部长、收入会计、电气工程师、洗衣房部长、出纳、保洁部长、培训中心营销部部长、培训中心营业部部长、俱乐部客房/康乐部长、俱乐部安保部长、俱乐部餐厅部长、蟒山公园餐厅部长、蟒山公园客房部长、八达岭办公室行政主管、八达岭保洁主管、八达岭温泉部主管、八达岭办公室质检主管、八达岭安保部消防主管、八达岭法务专员、八达岭会议主管、八达岭洗衣房主管
P6	专员	法务专员、策划专员、采购员、招聘专员、培训专员、薪酬专员、企业管理部企管专员、网管员、俱乐部行政助理、八达岭采购员、八达岭工程部网管、八达岭薪酬专员、八达岭工程部基建管理员、八达岭培训专员、八达岭招聘专员
P5	专员	党群专员、行政专员、制作专员、凤山安保分部干事、内勤、人事行政专员、设备管理员、质检专员、客户服务专员、培训中心营销部内部销售员、培训中心宣传策划专员、培训中心人力资源专员、培训中心行政专员、培训中心出纳、蟒山公园人资专员、蟒山公园出纳、蟒山公园安全员、八达岭收入会计、八达岭工程部设备管理员、八达岭行政专员、八达岭行政专员、八达岭安保部干事、八达岭出纳、八达岭报表会计、八达岭成本会计、八达岭会计主管
P4	员级	工程部合同管理员、俱乐部后勤助理

第三章
薪酬工资级别带宽设计

薪酬激励体系设计

我们说，薪酬体系有"二表、一制度"。其中第一个表是职级表，第二章已经介绍了。第二个表就是每级工资给付的金额，设计出各级工资的幅度，即工资级别表。

职级表里的每个岗位都对应一个工资级别，而该级挣多少工资，就根据图3-1的工资级别（对应各级数字额度）来执行。岗位中优秀的个体在该级别中定得高一些，在该岗位上表现差一些的人就定得低一些。然后，从定下来的工资中拿出10%—25%设为绩效工资，通过考核发放。

注意，在设计每级工资幅度时，到底设计成多少，要参考这级中所有岗位的市场价格，这样也就实现了薪酬设计的外部均衡。

通过以上步骤，外部均衡、内部均衡、个体均衡就都实现了！

图3-1为年度工资级别图。

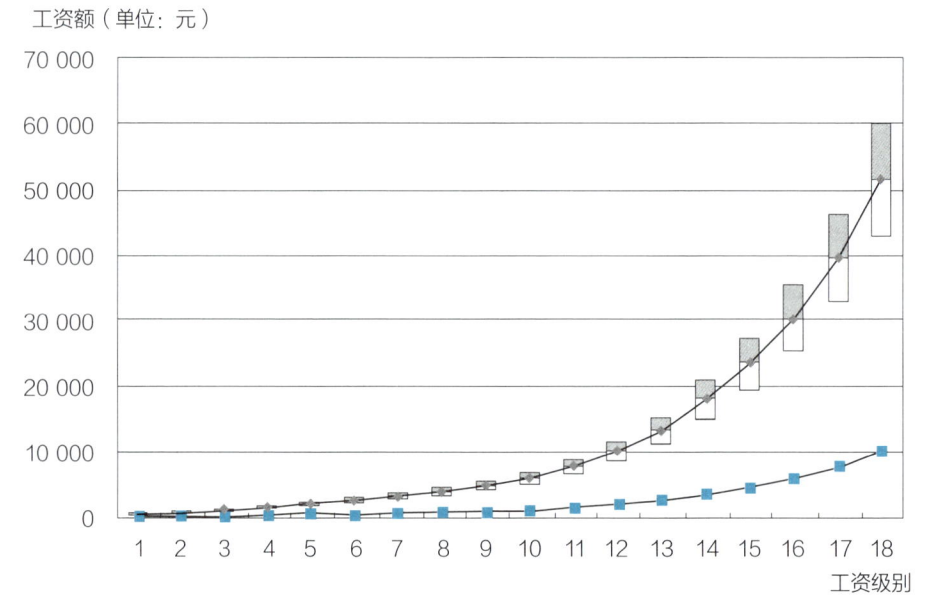

图3-1　年度工资级别图

注：柱状图为各级工资幅度；线条为基本工资。

具体的各级工资幅度额度表，如表3-1所示。

第三章 薪酬工资级别带宽设计

表3-1 具体的各级工资幅度额度表

级别	最小值	中点	最大值	重叠度	1档	2档	3档	4档	5档	6档	7档	8档	9档	10档
13	9 859	12 324	14 789	72%	9 859	10 407	10 955	11 503	12 050	12 598	13 146	13 694	14 241	14 789
12	9 595	11 518	13 435	68%	9 595	10 022	10 448	10 875	11 302	11 728	12 155	12 582	13 008	13 435
11	8 725	10 471	12 215	68%	8 725	9 113	9 501	9 888	10 276	10 664	11 052	11 439	11 827	12 215
10	7 930	9 519	11 105	77%	7 930	8 283	8 636	8 988	9 341	9 694	10 047	10 399	10 752	11 105
9	6 920	8 654	10 380	73%	6 920	7 304	7 689	8 073	8 458	8 842	9 227	9 611	9 996	10 380
8	6 290	7 867	9 440	65%	6 290	6 640	6 990	7 340	7 690	8 040	8 390	8 740	9 090	9 440
7	5 570	6 962	8 355	54%	5 570	5 879	6 189	6 498	6 808	7 117	7 427	7 736	8 046	8 355
6	4 720	5 900	7 080	50%	4 720	4 982	5 244	5 507	5 769	6 031	6 293	6 556	6 818	7 080
5	3 930	4 917	5 900	40%	3 930	4 149	4 368	4 587	4 806	5 024	5 243	5 462	5 681	5 900
4	3 145	3 934	4 720	31%	3 145	3 320	3 495	3 670	3 845	4 020	4 195	4 370	4 545	4 720
3	2 420	3 026	3 630	30%	2 420	2 554	2 689	2 823	2 958	3 092	3 227	3 361	3 496	3 630
2	1 860	2 328	2 790	24%	1 860	1 963	2 067	2 170	2 273	2 377	2 480	2 583	2 687	2 790
1	1 390	1 737	2 085	—	1 390	1 467	1 544	1 622	1 699	1 776	1 853	1 931	2 008	2 085

重叠度的公式：

$$\frac{下一级的最大值 - 上一级的最小值}{下一级的最大值 - 下一级的最小值}$$

按以上公式求出两级之间的重叠度，然后进行分析。

1. 重叠度过小。导致"官大一级压死人"的现象，由于两级工资之间缺少重叠，下一级岗位上的人要想获得薪水增长，只能通过晋升到上一级岗位的方式。这就导致员工会以晋升为导向，这对于职位管理不利。

2. 适度重叠。比如，重叠度在40%上下，员工在没有岗位晋升的情况下，如果表现优秀，依旧可以获得相当于上一级岗位收入范围的待遇，从而有利于个体激励和发展。

3. 重叠度过大。比如，重叠度在70%或以上也是不利的。这就意味着两种岗位虽然重要性不一样，但是收入几乎没什么差别。同时，在发生岗位晋升的时候，这个薪酬体系便没有多少加薪的空间了。

当设计出薪酬级别的初稿后，进行重叠度计算，当重叠度不合理的时候，再次修改设计，可以调整级别幅度、级别数量，以便获得合理的重叠度。

那么，怎么设计出这样的薪酬级别带宽呢？这里的要点和关键点与原则是什么呢？

从原则的角度来说，就是要紧贴外部均衡性，也就是每级工资的幅度（具体是级别中点）要依据市场工资水平来设定。具体的设计步骤和方法如下文介绍所示。

第七步：设定工资级别的数量

完成岗位测评之后，就可以设定工资结构了。有几个因素会影响工资级别的数量。主要决定因素是企业岗位的数量，岗位数量越多，级别也会越多。机构中的等级水平和它们之间的关系也会影响工资级别数量。也就是说，组织机构的层级数越多，要求的工资级别数量也就越多。上级和下属一般不会在同一工资范围内。职业发展问题也会影响级别的数量。当一个职员预期被提升到一个新的岗位时，其职业发展可以通过在级别之间的移动体现出来。

级别数量到底多少合适？太多了好不好呢？答案是不好。太多的级别会扭曲级差、级幅度等参数。图3-2是一个级别数量显然太多的企业的工资结构。

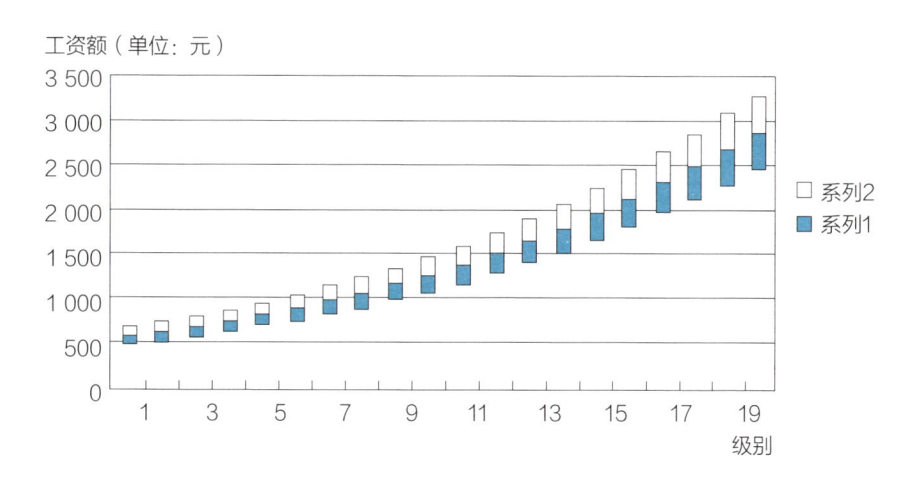

图3-2 某企业工资结构

我们看到图3-2的各级间级差、重叠度两个参数都明显不好。这里倒不是为了得到好看的参数而选择级别数量，关键是为了达到合理的公平性和激励性。如果两级级差太小，就导致所谓"跷跷板现象"，高级别的工资不高，低级别的工资不低，拉不开差距，激励作用被削减。

级别到底设定多少级合适？对于中低级别的岗位，它们所对应的级别数量要比中高级别岗位对应的级别数量多一些，从而实现所谓的"小步快跑"，即低级别岗位有较多的级别可以提升，但是每次升级的调薪幅度不大。

"小步快跑"这个词虽然比较通俗，但还是符合激励原则的。不过，到底要"快跑"到多快，也就是说，低级别岗位数量多到什么程度，取决于人员素质。一般来讲，人员素质越好，调薪周期就越长，即"大步慢跑"，其岗位所对应的级别数量就略少一些。

第八步：设定工资级别的中点

在这个步骤中，中点是指各级工资幅度的中间点。有多少个工资级别，就有多少个级别中点。

图3-3的横坐标代表工资级别，纵坐标代表各级中点的工资额。该中点的工资数要反映企业在市场上的定位水平。这使得关键岗位的薪酬调查数据成为各级中点计算的基础。因此，各中点间的距离也是根据市场差异得出的，这就很好地体现了企业的市场定位，也就是外部均衡性。当然，在没有市场工资数据的情况下，借助企业的实际工资数据也可以画出这些中点值，只不过它是否达到预期市场地位，就只能粗略估计了。

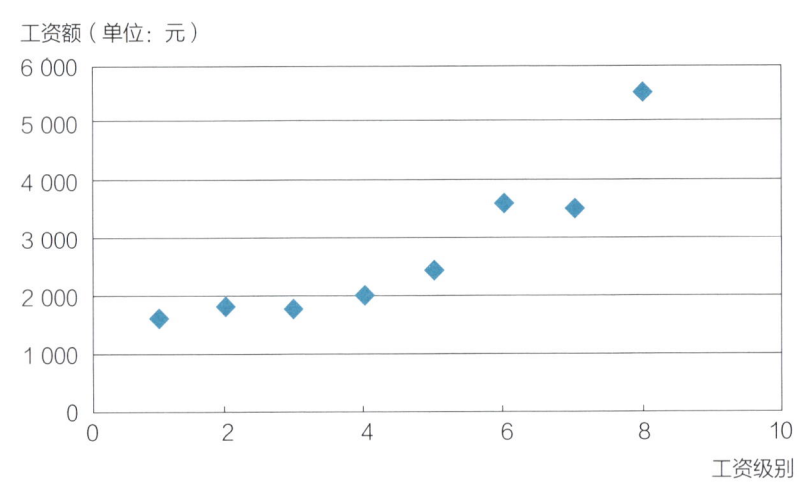

图3-3 设定工资级别的中点

第九步：对设定工资级别的中点进行光滑处理

光滑处理并不是人为改变第八步计算出的企业各级工资中点的水平，而是保留了各级工资中点的市场定位、各级间高低变化趋势。如图3-4所示。

为各个锯齿状中点画出光滑的趋势线，以趋势线上各个中点，取代原来的锯齿状中点，成为新的工资各级别的中点。这样做的目的是保留薪酬水平的市场定位状况和各级差距相对关系，并把锯齿状的、不便于向员工解释和沟通的各级中点，变成便于沟通、符合常规习惯的逐级递增的中点值。

工资额（单位：元）

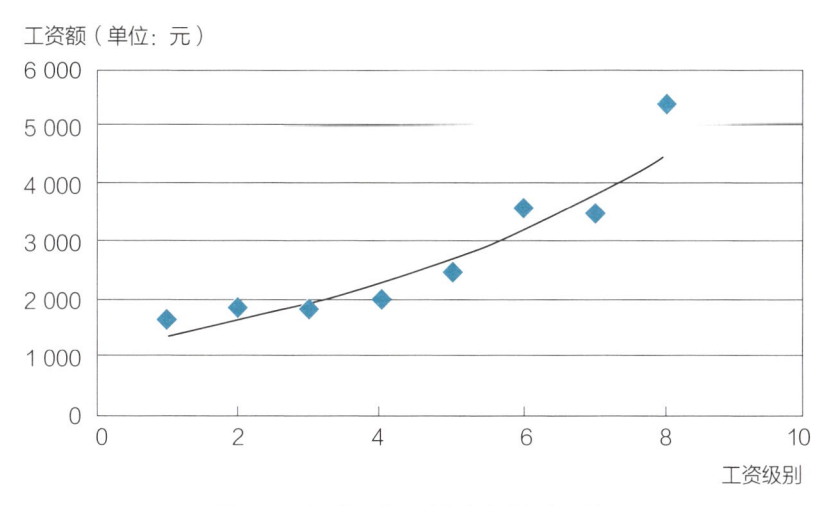

图3-4　对设定工资级别的中点进行光滑处理

第十步：调整级差

各级工资中点之间的级差到底相等还是不相等呢？答案是不相等。这里有好几个理由可以支持该结论。首先，根据人员素质和激励特点，低级别岗位的人员需要"小步快跑"，小步就是暗示我们，他们升级时的调薪幅度不大，两级级差也不大。其次，低级别岗位对公司的价值的差异，也不如高级别岗位对公司的价值差异大，所以级差在低级别也应该较小。

通过级差的调整设计，我们得到如图3-5所示的企业的薪酬曲线。把你设计的薪酬曲线和市场曲线放在一个图里研究，我们看到，标以"企业薪酬曲线"的那条粗曲线获得了企业所期望的市场定位，也就是说，高级别的岗位进入了市场的90分位与75分位之间，低级别的岗位则低于市场的75分位。

薪酬曲线具体要定位在市场的何处，要依照企业战略、人才战略而不是所谓"支付能力"来确定。所谓外部均衡性，也不是市场定位越高就越好。因此我不建议使用"外部竞争性"这个术语，它给人一种市场定位越高的企业，薪酬就越合理的感觉。其实，国际商业机器公司（IBM）的中高级岗位市场定位并不高，但我们仍然说它的定位是符合企业战略的，是合理的，是利于实现外部均衡的。所以，"外部均衡性"这个词，比"外部竞争性"更准确，更适合于作为企业的薪酬设计原则之一。

有一些学院派的教授提出了所谓的"薪点制"，就是把企业的工资总额

工资额（单位：元）

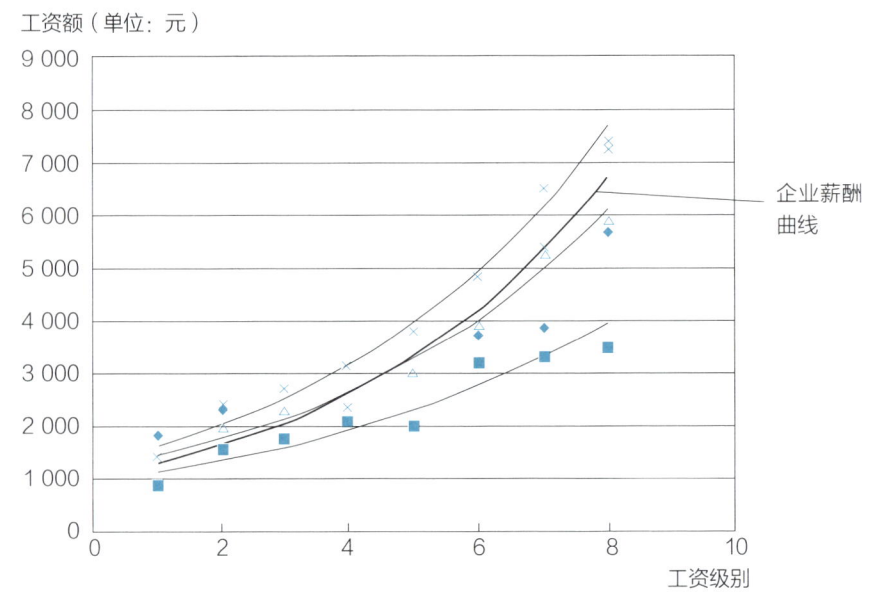

图3-5 企业的薪酬曲线

去除企业所有岗位的岗位测评分数总和，得出1"分"值多少钱，再根据每个岗位的分数，乘以1"分"值的钱数，从而计算出岗位的工资额度。这种做法是典型的"工分制"，属于"看菜吃饭"，即只考虑了企业的支付能力，而根本忽视了企业的合理市场定位。也就是说，在它薪酬曲线设计的过程中，设计者只参考了企业工资总额度，而没有研究如此确定下来的各级工资，其市场定位如何，最终也就无法确定是否达到了外部均衡。"薪点制"没把市场定位因素考虑进来，这是完全错误的。如果某咨询公司表示，要用"薪点制"为你们公司设计薪酬结构，你就要小心了。

总之，我们有理由相信，级差的确定要考虑市场定位。有人曾经问我："你说我们公司的总经理和副总经理的工资差距到底应该定多少合适？"其实，薪酬曲线的市场定位不同，曲线上的各级间的级差也不同，所以，答案也就不言而喻了。而且，行业市场不同，曲线走势和级差也不同。

除了考虑市场定位的因素，各级级差的额度设定也有一些经验数据，在课堂培训中，我们指导学员依照经验的级差额度以及市场定位的选择这两个尺度，画出上述的企业薪酬曲线。

第十一步：领先滞后调整

我们知道，大部分企业在设计薪酬结构的时候，都只是根据现有的企业实际薪酬水平或者现时的市场工资水平和市场定位来设计公司的薪酬曲线的。但是，市场的工资水平是逐年增长的，随着时间的流逝，只参考现有市场而设计的薪酬结构，其薪酬曲线将达不到公司预期的市场定位。这就会引发新老员工的工资冲突。新员工按照增长了的市场水平来应聘和谈工资，往往谈定的工资高于在落后的薪酬曲线上的老员工的实际工资水平。

有人说，我可以过上几年以后，根据市场的变化（增长）幅度把现有的工资水平调高一些。这么做当然是可以的，但是，在你调高曲线之前这几年，它会越来越落后于你所设定的、期望达到的市场定位。这种薪酬曲线调整手段，就是"滞后"的政策。即在曲线设计并颁布使用以后，越来越达不到预期的市场定位，只好等若干年以后再调上去一些，以求达到预期市场定位。这就是"滞后"策略。

如果你能在曲线设计并颁布使用的时刻，人为地把曲线调高几个百分点，那么你的薪酬曲线就"领先"于市场预期定位了。这个领先优势将一直持续若干年（视你调高了百分之几而定），直到市场的增长已经抵消了你事先调高的水平。我们把这种事先调整手段叫作领先策略。在这种领先策略的指导下，一直高于预期的市场定位，给招聘和人员保留带来了裨益，但是缺点就是成本要增加。

如果不想过高地增加成本，可以考虑"中庸"的做法，既不能太领先于预期定位，也不能太滞后，即"领先滞后调整"。通过对各级中点调高一定百分比的方法，使你的薪酬曲线能在未来若干年中一直能符合市场预期定位。

所以，在此也顺便澄清学者、讲师、咨询师们常常误解的一个概念：人们在想表达自己公司的工资是定位在市场高端还是定位在低端的时候，常说公司的工资是领先市场的还是滞后市场的。其实，上文的阐述表明，领先和滞后不是指市场定位高或低，它不是一个静态的概念，而是一个动态的概念，是比照着未来市场的增长，决定现在要不要领先调高一步或者不调（从而保持滞后）。这叫作"领先滞后"。以后，再提到我们工资高的时候，就可以说"我们公司的薪酬曲线在市场上的定位高"，而不要说成"我们领先市场"了。

第十二步：设定各级工资的级幅度

各级工资都要有最大值和最小值，岗位测评后落在该工资级别内的岗位上的在职者，其工资可以在该工资级别的最大值和最小值之间确定和调整。级幅度就反映了这个最大值与最小值的幅度差异，一般是利用最大和最小值的百分比差异来体现各级幅度。各级幅度到底多少合适呢？这个看来也比较复杂，但我们可以说的是：低级别岗位所在级别的级幅度应该比较小，而高级别岗位则比较大。我见过一些不称职的咨询机构给企业设计的薪酬幅度，各级都是"一刀切"的35%的级幅度。客户看了很满意："好啊，各级幅度都一样，多么公平、公正啊，也可以公开啊。大家都一样！"

其实，这是违反了激励原则以及岗位价值的客观差异现实。高级别岗位在职者，其业绩可好可坏的波动空间要大于低级别岗位在职者，依照个体均衡性，个人的工资要和业绩成正比例关系，所以，高级别要给出较大的级幅度，以回报高级别岗位在职者业绩波动比较大的特点，实现个体均衡性，而不是高低各级都是一刀切的35%的级幅度。另外还有其他一些理由，使得我们根本不能接受35%这个所谓的"公平、公正、公开"的级幅度。比如，在一般的机构中，如果业绩令人满意，工资级别幅度低的员工在两至三年内会移动到中间值，此后移动速度会变慢。薪酬各级别的幅度必须适合这种调薪的要求，使得在职者待在企业的年头能够跟我们预期的一样。也就是说，如果希望企业或企业中的某些岗位的人员流动快一点，那相应的级别幅度就要调整得略窄，反之则调整得略宽。一般来说，企业希望高级别岗位的在职者待在企业的年限长一些，所以，高级别岗位的级幅度要大，这是不言而喻的。

那么，如何确定在一个级别内部的幅度上的同岗位人员的个人薪酬之间的差异呢？

资历

以资历作为个体薪酬差异的依据，用以奖励员工对机构的忠诚，也就是说，员工在公司工作的每一年，工资都会得到提升。

工龄

工龄的基本假设是一个工人对于机构的价值随着他在此领域的时间的增加而增加。工龄奖励职业时间，而不是奖励对机构忠诚。

业绩评价

一个人的绩效考核成绩，无疑是确定工资差异（通过确定不同的调薪比例来实现）的最主要依据。

技能和知识水平

一般按照知识技能把员工分成4—6个连续的等级。刚上岗的员工都从同一级薪水的低档开始。随着技能水平的提高，员工的薪水不断提升。技能付薪系统有以下优点：

1. 刺激员工提高技能：鼓励员工精通各种技能而不是一项技能。

2. 更有效地利用人力：由于员工熟悉各种岗位，所以企业在分配和利用劳动力时更灵活。

3. 员工会更好地适应新生事物：以技能为基础的偿付系统鼓励人力资源的开发。处于新阶段的公司发现这一系统是在新员工中提高工作技巧的有效方式。

但是技能付薪系统并不是没有问题的。它有以下缺点：

1. 这样的员工大多在两三年内达到技能顶级水平。但这时会有一个明显的问题："下一步该做什么"，即下一步该怎样调节薪酬。为了解决这个问题，大多数以技能为主的偿付程序还会联合其他程序（如业绩偿付系统等）。

2. 以技能为基础的薪酬在处于上升状态的公司内才会有效，因为这样的公司能给所有员工灵活性。如果经济在下滑，那么顶级员工就不会有使用新技能的机会。

3. 难以衡量：因为各种技能水平的定义和测评做得不充分，有很多技能薪酬计划是失败的。

4. 需要培训投资：这项计划要求必须发展关键技能。那么公司必须在培训活动上做出投资。

很明显，技能付薪系统并不适合每一个组织，而且它必须在有清晰定义的环境下运行。它一般适合应用在处于上升趋势的从事生产工作的工厂中的部分岗位，即那些对于技能的要求很高的岗位。

第十三步：计算各级工资的最大值、最小值

当你已经设定了合适的级幅度，计算出各级的最大值和最小值，就只剩

一个简单的数学运算了。然而有的企业没有各级工资的幅度（即最大值、最小值），只是每级工资有三个数，在职者只能从这三个数里选择，这样是不合理的。我们必须做出各级工资的幅度，不同的人取幅度中不同的数值，实现个体均衡性——在同一岗位或者同一工资级别上的人，其工资和业绩成正比例关系，所谓同工异酬。

1. 同工异酬可使机构意识到做同种岗位的员工的贡献可能存在显著不同。
2. 同一岗位存在薪酬差异会对员工产生激励作用。
3. 若同一岗位不存在薪酬差异，那么对许多员工来讲，个体均衡性就被破坏了，其薪酬满意度也会降低，机构难以吸引和留住优秀的员工。
4. 为使薪酬机制真正发挥作用，机构需保持行政性的谨慎。比如，同级薪酬差异可使机构意识到同级别的不同岗位间的微小市场差异。某些岗位的劳动力市场短期缺乏可能会导致它们的薪酬要高于同级别内的其他岗位。如果没有幅度，要频繁调整薪酬结构才能追逐市场的这种微小变化，实现外部均衡性，这样会消耗很大的精力成本。而有一定的薪酬幅度，则能使公司游刃有余。

出于以上原因，多数机构的薪金结构都允许同一岗位或同一岗位等级存在工资等级差异。

第十四步：设定各级间的重叠度

重叠度是一个重要的参数，如果没有合适的重叠度，就会出现"官大一级压死人"的现象，人们为了加工资，就拼命先想晋升。于是出现晋升导向而不是业绩导向，这样就会影响士气。企业不可能通过设置大量的晋升岗位来激励员工，所以设计两级工资的重叠度可以一定程度地解决人员激励问题。

各级幅度越大，重叠度越大；级别分级越多，重叠越多。每一个组织都要根据实际情况和经验数据来判断可以接受的重叠程度。

至此我们已经设计出了一个企业的工资结构。表3-2是一个典型的工资结构的例子，其中有规范的级差、级别幅度、重叠度等，由于篇幅限制，部分数据暂时隐去。

表 3-2　企业工资结构表　　　　　　　　（单位：元）

级别		最低点	25 分位	50 分位	75 分位	最高点
15 级	营运战略规划层	21 170	23 550	25 940	28 320	30 700
14 级	专业战略规划层	15 870	17 620	19 360	21 110	22 850
13 级	专业战略规划层	11 980	13 270	14 550	15 840	17 130
12 级	中层经营管理层／资深专业人员	9 010	9 980	10 940	11 910	12 880
11 级	中层经营管理层／资深专业人员	6 770	7 500	8 230	8 960	9 690
10 级	基层经营管理层／高级专业人员	5 140	5 670	6 190	6 720	7 240
9 级	基层经营管理层／高级专业人员	4 000	4 400	4 800	5 200	5 600
8 级	专业人员	3 100	3 410	3 720	4 030	4 340
7 级	专业人员	2 450	2 690	2 930	3 170	3 410
6 级	初级专业人员	1 970	2 140	2 310	2 480	2 650
5 级	初级专业人员	1 550	1 690	1 830	1 970	2 110
4 级	助理	1 250	1 360	1 470	1 580	1 690
3 级	助理	1 020	1 090	1 160	1 220	1 290
2 级	助理	870	910	960	1 000	1 040
1 级	操作人员	740	770	800	840	870

将表3-2画成曲线图，即图3-6所示。

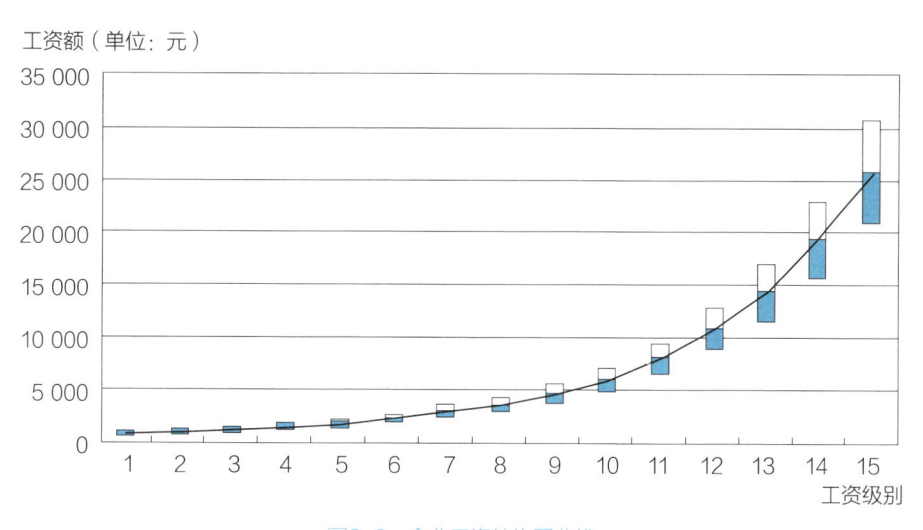

图3-6　企业工资结构图曲线

第十五步：设定月总收入曲线

如果上述所有操作都是以企业人员的固定工资作为计算的数据，那么画出来的曲线就是一个月固定工资曲线。我们有必要重复上述操作，以固定加变动的月总收入的实际数据或市场数据来画出企业的月总收入曲线，并把这两个曲线画在一个图上。如图3-7所示。

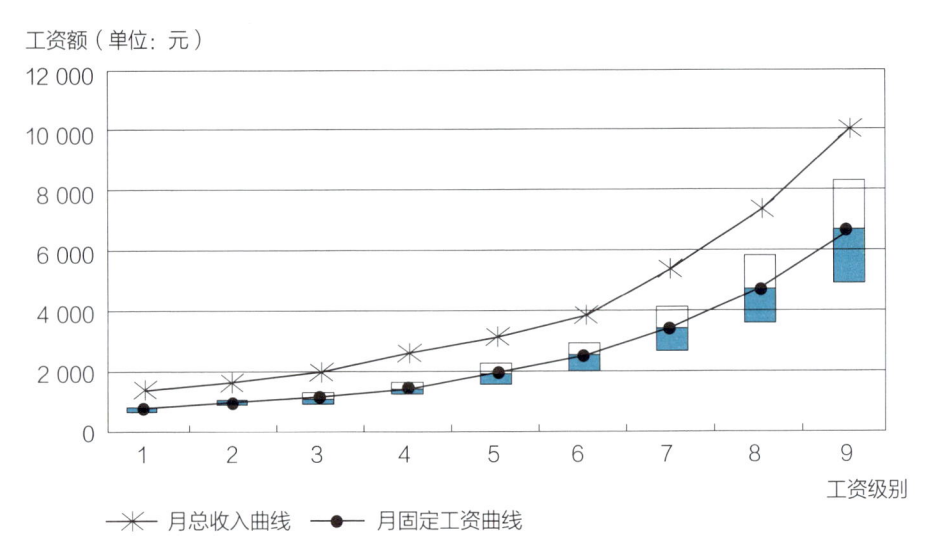

工资额（单位：元）

图3-7 企业的月固定工资曲线和月总收入曲线

图3-7中，下方的曲线是月固定工资的曲线，通过本章第七步到第十三步的步骤来画这条曲线。居上的曲线是月总收入曲线，依然通过重复本章第七步到第十三步的步骤来画这条曲线，不同的是，月总收入曲线是以月总收入的数据作为计算的数据画出来的。

月总收入曲线和月固定工资曲线都要画出来，此举意义重大。它使得我们可以根据两条线之间的差额，确定不同岗位的目标奖金，再加入在职者的绩效考核成绩因素，最终计算出每个人的月度、季度乃至年度奖金。而且，根据这两条曲线的上下差值，还可以确定公司、部门乃至个人的奖金预算。所以，任何公司的工资结构都应该包含这两条曲线。

有的公司只有一条月固定工资曲线，然后规定固定工资与变动工资的比重,或者年底有相当几个月的奖金,这其实也等于又描述出了一条月度总收入曲线,实际也是两条曲线,只是没有画出来而已。笔者建议也画出来——根据固定、变动比重或者年底的几个月奖金,画出月度总收入曲线。

有的公司用一个年度工资总额来限制工资的发放。如何把工资结构与年度工资总额挂上钩呢?其实方法很简单,答案也来自上述两条薪酬曲线:当我们已知企业各个岗位的薪酬级别(岗位测评出来的),又知道各个薪酬级别的固定、总月度收入工资曲线(都是你设计并画出来的),就不难算出各个岗位、各个部门乃至公司的年度工资总额。以此测算出的总额,去比较企业批准了的工资总额。如果超出了工资总额,就应采取适当调整办法。比如,降低设计的固定工资曲线和月度总收入曲线的市场定位(但我不建议这样做,因为市场定位是根据战略来的,不宜随意调整),或者降低年度调薪的比率,或者减少人员编制,或者补充工资总额,以上这些方法最终都能使得你的薪酬曲线和企业工资总额"碰"到一起。

以上讲的是如何与年度工资总额"碰"到一起。那么,如何做明年度的薪酬预算呢?其实办法跟测算年度工资总额一样。已知明年各个岗位的人员编制、企业明年各个岗位的薪酬级别、各个薪酬级别的月固定工资收入曲线和总月度收入工资曲线(都是你设计出来的),就不难算出各个岗位、各个部门乃至公司的明年预算。不过,为了计算准确,这里还要引入薪资均衡指标(Compa-Ratio,CR)的概念。

另外,从更广的角度看,不同的组织使用不同的预算方法。预算方法应该与管理哲学相结合。传统上使用的管理方法叫作"自上向下设计法"(Top-Down),也就是公司从销售目标额度出发,从费用、收入角度计算出公司能支付的工资预算和支付规则,并要求人事部门在此范围内设定薪酬结构和标准。

但许多公司更愿意使用一种"自下而上设计法"(Bottom-Up),也就是让人事部门根据各个部门报上来的编制变化,依照公司薪酬曲线,核算出工资总额,同时与财务部的薪酬成本相互参考,确定明年可接受的工资预算。计算出的明年预算总额是否可以被批准,还要根据今明两年的企业收入指标达成情况来确定。当企业销售目标额逐年增长时,可以接受工资预算按一定比例的增长。

薪酬结构的调整也是必要的工作。通货膨胀使劳动价值上升,导致市场工资水平改变，有时候是公司内岗位的相对价值改变（岗位也会随着技术的改变而改变，从业的员工也会变化），于是必须调整工资结构去适应这些外部或内部的变化。同时我们还要说明一点，企业的年度调薪，不能取代因为市场增长导致的企业薪酬曲线在市场定位上的落后。因为企业年度调薪，是在现有薪酬曲线的定位上增减，既有封顶，也有人员流动，即使它再增长，也不能使企业的市场定位获得增长。

第十六步：对关键岗位以外的岗位进行岗位测评，并将其纳入相应的工资级别

前文已经根据若干关键岗位的市场数据和实际点值，把企业薪酬曲线（固定的、总的）都设计出来了，并测算出是否符合预算或工资总额，得到公司上层批准之后，薪酬结构就确定下来了。此时，再重新做一轮岗位测评，把公司各个岗位纳入不同薪酬级别，薪酬设计方案就此完成。企业真正的薪酬改革也是在这个时候浮出水面的。

但是我们同时也必须清醒地认识到，不能指望一个薪酬体系把员工激励起来。其实，就薪酬本身而言，它所具备的激励能力不强。

图3-8是薪酬驱动示意图，其中有一处是有争议的，即员工满意度提高，必然会使业绩提高。薪酬最主要的设计目的是使员工感到公平满意，如果员工感觉不公平，就谈不上任何业绩激励。但是员工感觉公平、满意了以后，未必就能被激励起来，努力提高业绩。其实，员工可以很满意工资，不离开企业，但照样不好好工作，这样也不会被激励。也就是说，薪酬的激励作用不是很大，不能指望仅以薪酬就能有效地激励员工。

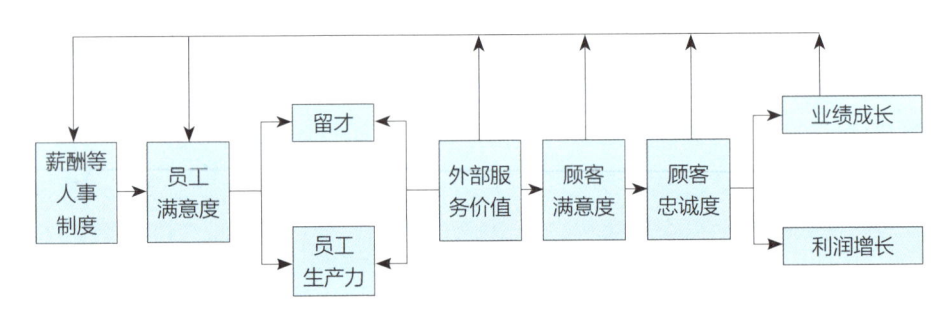

图3-8 薪酬驱动示意图

薪酬能激励人的地方不外乎固定工资的调薪和奖金。调薪的激励效果不会持久，员工很快就会习以为常，而且企业没有条件不断地给员工加薪。而奖金，众所周知，除了一些营销岗位，多数岗位的奖金在人与人之间的差异不是太大，只要员工足以胜任岗位，他们的考核分数就不至于差距太大，奖金差距也就不会很悬殊。另外，奖金额度不是很大，奖金的发放又不够及时（但笔者并不是要求提高发奖金的频率，那将会导致其他问题），所以，奖金产生的激励作用也不会太大。特别是当企业的绩效考核系统不够有效的时候，奖金的激励作用便会再打个折扣。

所以，薪酬的主要定位是公平合理，接下来是适度的激励性。

真正要激励员工，主要是靠职业生涯发展，包括其本人技能的提高，学的东西、做的东西有意义，获得企业或部门的肯定，提升在企业或部门中的影响力，这些是更有效的激励手段。笔者曾担任一家企业的人事总监，其员工说过："如果给我们工资增加一倍，我们可以给客户跪式服务！"其实，这把问题看得太简单了，把薪酬的作用夸大了。金钱毕竟是马斯洛曲线中的低层次激励手段。

所以，如果企业老总要求你"给我设计一个薪酬体系，把大家都激励起来"，你一定要反驳他的这一"无理"要求。一家企业的薪酬在公平合理（"3E"）方面做得不好，员工就会表现得很差，但是即使薪酬体系调整好了，人们感觉到公平合理了，但在企业许多更重要的机制、管理技巧、职业生涯问题没有解决之前，人们还是未必能被激励起来。

调薪不能只看业绩

有了上述设计的薪酬体系后，就要把现有人员纳入该体系。

在使用薪酬体系时，调薪也是不可避免的操作。常用的方法是业绩调薪，指在不晋升的情况下，根据业绩进行调薪。

在这里，针对调薪，给出我所建议的调薪模式。

我们建议，公司原则上平时不受理业绩调薪申请，而是进行年度调薪。或者一年两次调薪，比如，每年2月份和8月份根据员工绩效考核进行统一调薪。其中，2月份针对上一年的上半年（1—7月）入职的员工进行调薪，8月份针对上一年的下半年（8—12月）入职的员工。个别业绩突出人员，可参加两次。

要根据个人绩效考核情况，对考核为A、B、C的员工进行调薪。具体调薪增幅如表3-3所示。

表3-3 调薪增幅表

上一周年业绩	CR值（CR=个人月薪/级别中点）				
	≤0.8	0.8—0.9	0.9—1.05	1.05—1.2	≥1.2
A 优秀（少于部门人数20%）	16.0%	12.0%	11.0%	7.0%	2.0%
B 良好（少于部门人数35%）	10.5%	7.5%	6.0%	4.5%	2.0%
C（不少于部门人数30%）	5.0%	3.5%	2.0%	2.0%	2.0%
D（不少于部门人数15%）	0.0%	0.0%	0.0%	0.0%	0.0%

说明：
1. CR值小于0.8（或0.9），意味着此员工工资比级别幅度中点值小，即基数小，可以将调薪增幅设计得大一些。反之要小一些。
2. 需要事先设定各部门或分公司的调薪增幅（比如8%）。若某机构调薪增幅超过8%（比如为10%），需要乘以调节系数（这里就是0.8，即8÷10=0.8），确保不突破调薪预算。
3. 本调薪矩阵中的增幅百分比是指导性标准，最终以不突破总增幅预算为原则。

由此可以看出，调薪的决策一方面是基于个人的绩效考核评级，另一方面是基于个人的工资相对水平。具体的办法就是借助CR这个参数。在同等业绩下，对于CR较低的人，其调薪的力度相对要大一点。而薪酬已经很高的，则可以暂不调薪。

第四章

为什么要这样制定薪酬制度

薪酬制度的内容要项与制定技巧

薪酬体系有"二表、一制度",其中的"一制度"就是关于工资的文字制度。它应该包括以下几部分内容:

1. 岗位是怎么分级的,也就是公司怎么做职级表的,或者说,公司是怎么给岗位定工资级别的。

2. 每级工资给多少钱,即第二个表。

3. 如何定薪水。在第二个表里,每级工资分为若干档,一个该级别中的岗位上的员工,如果是新员工,当然应该定在该级别的较低档位。或者说,根据员工的能力和业绩,把该岗位上的不同员工定在不同的档位上。这样也就实现了个体均衡。

4. 定下来的具体工资,该分成哪些模块,比如固定工资、绩效工资、补贴(车贴、餐补、特殊工种补贴等)。其中,自然要明确固定工资与绩效工资的比例。

5. 绩效工资的计算和发放办法。要根据员工个人绩效考核的情况来发绩效工资,根据绩效考核成绩分级(A、B、C、D、E),定出不同的绩效考核系数,根据系数发绩效工资。

6. 调薪的办法。这里包括晋升怎么调薪,以及业绩优秀的人怎么调薪。一般来说,我们建议在年底根据业绩集中对员工调薪。这个要在制度中给出办法。

7. 年终奖的计算。一般要基于企业的经营定出总额,再根据个人的全年业绩考核结果分配给个人,或者按照聘书上对年终奖规定的月数,根据个人业绩发放。

8. 薪酬保密。

9. 部门经理在薪酬管理中的角色和任务。

10. 员工对薪酬的申诉办法。

11. 调薪等必要的申请或办理与批准的表格。

到此,本书就介绍完了薪酬体系的"二表、一制度"。这也就构建了企业的薪酬体系。

薪酬制度实例

以下是笔者在咨询实践中为一家企业制定的薪酬制度实例。其中职级表做了升级，就是将岗位分为管理序列、技术序列和销售序列。具体有以下两点：

1. 根据企业岗位的具体性质，把岗位分成这三个序列来归纳在职级表中。

2. 因为技术人员的市场工资水平往往高于职能类人员，所以，可以针对技术序列的岗位专门设定工资级别，其级别数量可以和职能类人员一样，但是每级工资的水平则不同。这样就能兼顾外部公平。针对销售序列，因为收入中含有提成或奖金部分，其固定工资水平则相对低一些，所以也可以设定专门的各级工资带宽。

某公司薪酬激励制度

第一章 总 则

第一条 为进一步规范公司的薪酬管理，强化薪酬的激励与约束作用，调动员工的工作积极性与主动性，更好地推动生产经营工作，现结合公司发展实际，制定本制度。

第二条 依据"外部公平、内部公平和业绩激励"的原则，明确岗位价值的区别，设定兼顾公平合理与激励的工资水平，同时体现收入与业绩能力相匹配的原则。

第三条 本制度适用对象为全体员工。

第四条 人力资源部相关职责：制定薪酬与考核、激励的策略，审批各机构的薪酬绩效制度，审批和管控薪酬预算，审核各部门负责人、区域办事处主任、业务模块负责人的绩效考核，审批年度调薪，受理相关申诉。

第二章 岗位薪酬制

第五条 岗位序列管理。为促进人才多通道发展，将本公司岗位分为三个序列：管理序列、销售序列和技术序列。如表4-1所示。

表4-1　岗位序列架构

级别		管理序列		销售序列	技术序列
M6	12	副总经理、总经理助理		—	—
M5	11	市场总监、业务模块负责人		—	总工程师
M4	10	部门经理	分支办经理	—	高级工程师 B
M3	9		分支办副经理	资深销售工程师	高级工程师 A
M2	8	部门副经理	—	高级销售工程师	产品经理
M1	7		主管	一级销售工程师	—
P6	6	一级专员		二级销售工程师	三级工程师①
P5	5	二级专员		三级销售工程师	二级工程师
P4	4	三级专员		四级销售工程师	一级工程师
P3	3	四级专员		—	—
P2	2	五级专员		—	—
P1	1	—		—	—

第六条　人员的薪酬构成为：基本工资、保密及竞业补偿费、月度绩效工资，以及季度绩效工资和年终奖金。

1. 基本工资、保密及竞业补偿费和月度绩效工资的总额（简称"月薪"），进行分级分档管理，将月薪划分为12级（不含总经理），每级分7档。

2. 上述总额中，月度绩效工资占比为20%，当月产生业绩严重差距或确切失误时，绩效工资可不同比例直至全额扣发。

3. P级岗位的基本工资为2 000元，M级岗位的基本工资为3 000元。

4. 月总额标准确定后，扣除基本工资与绩效工资后，即为本人的保密及竞业补偿费，该费用的目的和管理参见公司的保密及竞业禁止协议。

5. 季度绩效工资和年终奖金。

6. 福利，包括法定福利和带薪假期。

法定福利为养老保险、工伤保险、医疗保险、失业保险、女职工生

---

① 工程师级别为数字越大级别越高。——作者注

育保险等，按国家法规和公司相关办法执行。

带薪假期包括年休假、工伤假、婚假、丧假、产假等，按公司已颁定的办法（《员工手册》）执行。

第七条　基本工资、保密及竞业补偿费和月度绩效工资的总额的分级分档管理。

根据岗位价值，将总经理以外的岗位分为12级，每级对应一定工资幅度，根据市场行情和现实工资的标准设定幅度，并分为7档。该分级分档管理是针对月薪。绩效工资基数的占比为20%。

月薪折合年薪的分级分档，详见表4-2。

表4-2　人员年薪标准表　　　　　　　　（单位：元）

工资级别	管理序列	专业序列		基本工资+岗位工资+绩效工资基数				
		技术序列	技工序列	1档	2档	3档	4档	5档
11	M5	总经理	首席工程师	—	—	—	—	—	—
10	M4	三总师副职	资深工程师	—	135 000	151 250	167 500	183 750	200 000
9	M3	总监/经理	一级工程师	首席技师	100 000	110 000	120 000	130 000	140 000
8	M2	经理	二级工程师	—	81 600	91 800	102 000	112 200	122 400
7	M1	经理/副经理	三级工程师	资深技师	69 360	78 030	86 700	95 370	104 040
6	P6	主管	四级工程师	一级技师	58 960	66 330	73 700	81 070	88 440
5	P5	一级专员	五级工程师	二级技师	66 250	68 000	69 750	71 500	73 250
4	P4	二级专员	—	三级技师	57 500	59 250	61 000	62 750	64 500
3	P3	三级专员	—	四级技师	48 750	50 500	52 250	54 000	55 750
2	P2	四级专员	—	五级技师	40 000	41 750	43 500	45 250	47 000
1	P1	五级专员	—	六级技师	33 290	35 135	36 980	38 830	40 680

地区系数：一类城市（北京、上海、广州、深圳）系数为1，二类城市（省会城市和省内经济发达城市）系数为0.8，三类城市（即二类以外的城市）系数为0.7。表4-2的额度，在执行时要乘以地区系数（分支办经理、副经理除外）。

第八条　套级、套档办法。针对在岗人员和新进人员、调至的人员，根据上表确定其基本工资，根据其学历、司龄、工作量、业绩、能力等因素确定该级别内的定档。

第九条 季度绩效工资发放。

季度绩效工资=季度绩效工资基数×考核系数×公司业绩系数

季度绩效工资基数如下：

P1—P4	P5—P6	M1—M2	M3—
2 000元	3 000元	4 000元	5 500元

员工执行季度考核。根据考核结果确定员工绩效评级和考核系数。绩效评级与考核系数的设定见表4-3。

表4-3 绩效评级与考核系数设定标准

等级	A（优秀）	正常（B+C）	D（有差距）
人数占比	<20%	<70%	10%
个人绩效系数	1.3—1.5	1	0—0.6

对于业绩未达标的部门，可缩减其B+C类的占比至60%，调整其D类人员的占比为20%。

发生内部调动时，原岗位上级需对调动人员进行绩效评定，结合新岗位上级在季度末的绩效评定（按时间比例加权），将其作为其本季度绩效评级和考核系数设定依据。因故未能评定的，以调动的前一季度的绩效评级为调动后相应季度的考核系数依据。

人员绩效考核办法（考核对象、考核流程、考核内容），详见《绩效考核管理制度》。

公司业绩系数是基于公司当季度的业绩达成情况，按达成率设定。达成率低于50%时，公司业绩系数为0.2；达成率低于30%时，公司业绩系数为0。

处于试用期内的员工不享受季度绩效工资。转正后时间不足三个月的，季度绩效工资按时间折扣。

第十条 调薪政策。分为纵向调级和横向调档，具体如下。

1. 管理序列晋升调级。当发生岗位（职务）晋升时，月薪上调到相应级别，并按该级别第一档核定。当现有工资高于新级别第一档时，就近上靠到邻近的一个档位。生效日期一律从人事命令指定的日期开始，如人事命令未指定改薪日期的则从发令之日起生效。

2. 销售序列、技术序列的晋级调薪。公司每年2月，组织对人员的专业序列评定，员工可申请相应的专业序列等级，经评定通过后，其月薪调整到表4-2相应专业序列对应的级别，按该级第一档核定。当现有工资高于新级别第一档时，就近上靠到邻近的一档。从专业序列等级评定通过的次月起生效。

3. 业绩调档。每年2月，基于前一年各季度考核，年度被评为A级的员工可申请工资横向调整两档；被评为B、C级的员工，其中80%的人员可获得横向调整一档。被评为D级的人员，不调薪。有严重失误的人员，按照绩效考核表的规定，可以降薪。

基于公司年度业绩完成情况，上述调整可以有人数和调薪力度上的具体调控。

年度业绩评级的办法为：季度考核为A类者积4分，B、C类者积2分，D类积1分。年度总分的排名，作为年度评级的依据，最终年度业绩评级的人数占比如表4-4所示。

表4-4　年度业绩评级

等级	A（优秀）	B、C（正常）	D（有差距）
人数占比	< 20%	< 70%	10%
个人绩效系数	1.3—1.5	1	0—0.6

说明：以上各种横向调档，当工资处于本级第5档时，符合上述调档政策的，可晋升一级，并按新级别的第1档核定。现有工资大于新级别第1档时，按现有工资右邻档位核定。公司年度业绩不理想时，可扩大D类人员占比。

第十一条　年终奖金。年终奖金根据员工的工资级别、月薪总额、年度绩效评级及其绩效系数、公司年度利润实现情况综合确定。

第三章　工资管理

第十二条　有关假期工资的支付办法，具体如下。

1. 员工因工作需要双休日及法定节假日加班的，应安排其补休、倒休，充分保障员工的休息权利，确实不能补休、倒休者按国家法规支付其相应的报酬。

2. 休婚假、丧假，基本工资、保密及竞业补偿费照发；休产假期间的工资按公司既定办法执行。

3. 休病假、事假按照实际缺勤天数扣减基础工资、岗位工资和绩效工资，全月事假停发一切工资、津补贴等各项待遇。

4. 工伤工资按照国家《工伤保险条例》有关规定执行。

第十三条 受行政处分期间的工资支付。

1. 员工受警告、记过、记大过、通报批评、留用察看等书面处分的，月度绩效工资按0发放，月薪标准下调1—2档，均影响两个月，留用察看影响期按察看期计。

2. 严重违纪的，取消各类绩效工资和奖金，影响期为半年。

第十四条 薪酬保密。透露和打探个人薪酬属于严重违纪，可给予辞退。

某集团公司薪酬制度

一、目的

为加强内部管控，统一标准，建立公平、激励的薪酬体系，特制定本制度。

二、适用范围

公司集团总部及下属公司的各职能管理岗位。

三、职责分工

1. 集团人力资源中心薪酬绩效部与公司人力资源部共同起草制定本制度，经公司首席执行官审批，经首席人力资源官（CHO）审批，生效。

2. 修改程序同上。

3. 下属各子公司执行本制度时，可以再细化，经公司人力资源部审批、公司首席执行官审批后生效。

四、岗位工资级别

按集团规范，工资分28级，分别为技术序列、支持序列、专业序列、管理序列、战略执行序列。具体如表4-5所示。该集团岗位工资分档如表4-6所示。

第四章 为什么要这样制定薪酬制度

表4-5 集团岗位工资级别

(单位：元)

技术序列T	支持序列S	专业序列P	管理序列M		战略执行序列EX	序号	最小值	中点值	最大值	级差	级幅度	重叠度	第一档	第二档
	非专业岗位，如综合岗、保安、前台	需专业技能，独立工作，不带团队，如：培训师、会计、薪酬专员、风险控制专员等	经理和主管者（带团队）		高级战略执行层	28	476 000	571 100	666 400	30%	40%		476 000	507 700
				A1		27	366 100	439 300	512 540	26%	40%	19%	366 100	390 500
				A2		26	296 700	348 600	400 545	24%	35%	24%	296 700	314 000
				A3		25	239 300	281 100	323 055	22%	35%	25%	239 300	253 233
				A4		24	196 100	230 400	264 735	20%	35%	30%	196 100	207 533
				A5		23	163 500	192 000	220 725	20%	35%	36%	163 500	173 000
				A6 B1	高级总监	22	136 200	160 000	183 870	20%	35%	36%	136 200	144 133
			C1	A7 B2		21	113 500	133 300	153 225	16%	35%	36%	113 500	120 100
			C2	B3		20	95 800	114 900	134 120	16%	40%	52%	95 800	102 167
			C3	B4	高级总监/总监	19	80 900	99 000	117 305	20%	45%	56%	80 900	86 933.3
			C4	B5		18	67 400	82 500	97 730	20%	45%	46%	69 300	75 900
			C5	B6		17	56 100	68 700	81 345	20%	45%	64%	65 200	68 200
			C6	B7		16	46 700	57 200	67 715	20%	45%	8%	46 600	51 700
		F1	C7 D1	高级经理/经理		15	38 900	47 600	56 405	19%	45%	46%	38 800	43 100
		F2	D2			14	32 700	40 000	47 415	19%	45%	58%	33 700	36 900
		F3 资深专业	D3			13	26 900	33 600	40 350	16%	50%	34%	28 800	31 400
		F4	D4 D经理			12	23 200	28 900	34 800	16%	50%	34%	25 000	27 100
ST1		F5	D5 E1			11	20 000	24 900	30 000	15%	50%	48%	21 600	23 400
ST2														
ST3 高级工程师														
ST4														
ST5														

61

薪酬激励体系设计

续表

技术序列T	支持序列S	专业序列P	管理序列M	战略执行序列EX	序号	最小值	中点值	最大值	级差	级幅度	重叠度	第一档	第二档
T1		F6 资深专员	D6 E2		10	17 300	21 600	25 950	20%	50%	56%	18 800	20 400
T2		G1	D7 E3		9	14 400	18 000	21 600	25%	50%	22%	16 000	17 400
T3 工程师		G2	E4 主管/团队负责人		8	11 600	14 400	17 400	25%	50%	31%	11 900	12 900
T4		G3 专员	E5		7	9 200	11 500	13 800	24%	50%	31%	9 200	10 000
T5	H1 主管/组长	G4	E6		6	7 300	9 200	11 000	26%	50%	38%	7 300	8 000
T6	H2	G5	C 总监及总监级别 D 高级经理、经理		5	5 800	7 300	8 700	24%	45%	41%	5 800	6 300
T7	H3 专员	G6	E 主管		4	4 900	5 900	6 900	20%	40%	43%	4 900	5 300
	I1 支持岗	G7			3	4 000	4 900	5 800	14%	45%	58%	4 000	4 300
	I2	F 资深专员 G 一般专员			2	3 500	4 300	5 000	19%	40%	43%	3 500	3 800
	I3				1	3 000	3 600	4 200		50%	40%	3 000	3 200

说明：

上表各等级工资幅度的最小值到最大值之间，均分为7档，其中最小值即第1档，最大值是第7档。具体分档如表4-6所示。

表 4-6　集团岗位工资分档

（单位：元）

序号	最小值	中点值	最大值	第1档	第2档	第3档	第4档	第5档	第6档	第7档
1	3 000	3 600	4 200	3 000	3 200	3 400	3 600	3 800	4 000	4 200
2	3 500	4 300	5 000	3 500	3 800	4 100	4 300	4 600	4 900	5 000
3	4 000	4 900	5 800	4 000	4 300	4 600	4 900	5 200	5 500	5 800
4	4 900	5 900	6 900	4 900	5 300	5 700	5 900	6 300	6 700	6 900
5	5 800	7 300	8 700	5 800	6 300	6 800	7 300	7 800	8 300	8 700
6	7 300	9 200	11 000	7 300	8 000	8 700	9 200	9 800	10 400	11 000
7	9 200	11 500	13 800	9 200	10 000	10 800	11 400	12 200	13 000	13 700
8	11 600	14 400	17 400	11 900	12 900	13 900	14 900	15 900	16 900	17 800
9	14 400	18 000	21 600	16 000	17 400	18 800	20 000	21 400	22 800	24 000
10	17 300	21 600	25 950	18 800	20 400	22 000	23 400	25 000	26 600	28 100
11	20 000	24 900	30 000	21 600	23 400	25 200	27 000	28 800	30 600	32 300
12	23 200	28 900	34 800	25 000	27 100	29 200	31 300	33 400	35 500	37 500
13	26 900	33 600	40 350	28 800	31 400	34 000	36 308	38 600	40 900	43 100
14	32 700	40 000	47 415	33 700	36 900	40 100	43 207	45 200	47 100	48 900
15	38 900	47 600	56 405	38 800	43 100	47 400	51 416	53 100	54 700	56 200
16	46 700	57 200	67 715	46 600	51 700	56 800	61 699	63 700	65 700	67 500
17	56 100	68 700	81 345	65 200	68 200	71 200	74 039	80 900	87 800	94 500
18	67 400	82 500	97 730	69 300	75 900	82 500	88 846	95 400	102 000	108 393
19	80 900	99 000	117 305	80 900	86 933.3	92 966.7	99 000	105 102	111 203	117 305
20	95 800	114 900	134 120	95 800	102 167	108 533	114 900	121 307	127 713	134 120
21	113 500	133 300	153 225	113 500	120 100	126 700	133 300	139 942	146 583	153 225
22	136 200	160 000	183 870	136 200	144 133	152 067	160 000	167 957	175 913	183 870
23	163 500	192 000	220 725	163 500	173 000	182 500	192 000	201 575	211 150	220 725

上述各级工资标准需要乘不同地区城市系数。

一类城市：北京、上海、广州、深圳，城市系数 1.0。

二类城市：

山东省：济南、青岛、烟台、淄博、威海；

安徽省：合肥、芜湖、蚌埠；

江苏省：南京、苏州、无锡、南通、常州、扬州、徐州；

浙江省：杭州、宁波、温州、台州、金华、绍兴、嘉兴、舟山；

江西省：南昌、赣州；

福建省：福州、厦门、泉州；

广东省：珠海、东莞、中山、佛山、汕头、惠州、肇庆、潮州、韶关、湛江、梅州；

广西壮族自治区：南宁、桂林；

海南省：海口、三亚；

河南省：郑州、洛阳；

湖北省：武汉、黄石、荆州、襄阳、宜昌；

湖南省：长沙、常德、衡阳、湘潭、岳阳、益阳；

天津市：天津；

河北省：石家庄、唐山、保定、秦皇岛；

山西省：太原、大同；

陕西省：西安、宝鸡；

宁夏回族自治区：银川；

甘肃省：兰州、天水；

新疆维吾尔自治区：乌鲁木齐；

重庆市：重庆；

四川省：成都、泸州；

云南省：昆明、大理；

贵州省：贵阳、遵义；

辽宁省：沈阳、大连、鞍山、锦州、抚顺；

吉林省：长春、吉林；

黑龙江省：哈尔滨、齐齐哈尔、大庆；

青海省：西宁、格尔木；

内蒙古自治区：呼和浩特、包头；

西藏自治区：拉萨、日喀则。

以上城市的城市系数为0.85—0.9，具体由各子公司上报申请，由公司人力资源部批准执行，但不能超过0.9。

三类城市：除上述城市外都是三类城市，城市系数为0.75。

五、岗位定级

公司集团总部的核心管理岗位以及各部门岗位，根据集团统一的岗位测评要素，进行测评打分，确定岗位级别。要素包括知识、经验、决策责任、影响力、内部沟通、外部沟通、督导责任、督导人数、解决问题、工作复杂性或技术含量、风险责任等12个要素。具体操作，在集团HR指导下进行。

六、绩效工资

绩效工资的具体比例，由各子公司参照15%—25%的范围自行设定。

绩效工资的发放，要依据绩效考核结果。公式如下：

绩效工资=月度工资中的绩效工资基数×月度绩效考核系数。

其中，绩效考核系数如表4-7所示。

表4-7 绩效考核系数表

考核等级	人数占比（按部门内计算）		分数指导线	绩效考核系数
A（优秀）	20%	A+（Super，表示极好）	95分（含）以上	1.25
		A		1.1
B（良好）	35%	B+	90（含）—94分	1.05
		B		1
C（一般）	30%	C	75（含）—88分	0.7 — 0.9
D（不合格）	15%	D	70分以下	0

说明：
1. 以上绩效等级评定，由二级集团各部门负责人，子公司各部门负责人，对下属员工进行评定。部门负责人的等级，由上级评定。
2. 上述表中各等级的分数指导线，只是一般性参考，并非绝对标准。将ABCD的人数按比例分配作为主要标准。
3. 被评为A的部门或机构，其下属人员的A和B类员工比重，可酌情增加10%—20%。
4. 人数不足5人的部门，参照上面的比例分配标准的情确定考核档次。
5. 上表的绩效考核系数，是指导性额度，可以有所调整，但各子公司内部所有职能类人员，其绩效考核系数大于1.2（含）的，不能超过子公司职能类人员总人数的25%。
6. 绩效考核内容，遵照集团绩效考核制度，由各机构和部门设定。

七、晋升与降岗

绩效考核结果年度平均为A的，可以给予晋升（指纵向级别的上升）和相应调薪。

绩效考核结果连续三次为C，或一次为D，公司可以对该员工降岗、降薪。

连续三次为C，或一次为D，则可以认为员工不胜任现有岗位，可以调整员工的工作岗位，或者对员工重新培训，培训后考核结果仍为D的，可以解除劳动关系。

八、新人定薪

对于新入职员工，要在其入职时，根据职级表确定其岗位级别，并通过薪酬谈判及其个人背景，确定该级内的档位。在级别中，进行新人定档，原则上不能超过第三档。

九、调薪

1. 试用期内发放工资的80%（指月总收入的80%）。试用期转正后，发100%工资。

试用期到期给予转正，但纳入观察期的，观察期间发放工资的80%。（等于延长试用期）

2. 晋升调薪。

在岗位晋升的情况下，可以给予员工晋升调薪，办法为上调一级工资，就近上靠一档。

晋升调薪的审批与晋升的审批流程相同，可参见集团相应流程政策。（需填写相关申请表，且表内需有调级调薪内容）

第五章

刺激人才发展的薪酬体系

薪酬体系的四种类型

现代薪酬体系可以分为岗位导向的薪酬体系、技能导向的薪酬体系、绩效导向的薪酬体系和市场导向的薪酬体系这四种。下面依次介绍这四种薪酬体系。

岗位导向的薪酬体系

岗位导向的薪酬体系是在对员工岗位价值做出客观评价的基础上，确定员工薪酬支付的标准和依据的一种薪酬体系。按照企业人力资源优化的要求，员工的薪酬与岗位必须匹配，从而激发员工在工作中的主观能动性。这种薪酬体系对员工来说同岗同薪，在什么岗位就拿多少报酬，增强了薪酬支付的公平性；但从长期来看，如果行政职务得不到晋升，员工薪酬得不到增长，就无法调动员工的工作激情，反而会增加懈怠情绪，不利于员工的成长和企业的稳定。企业人力资源必须对员工的薪酬与岗位进行匹配，从而激发员工在工作中的主观能动性。

以岗位为导向的薪酬体系，势必形成以岗位为阶梯的金字塔模式（等级森严的阶梯模式），但是，在国民经济建设中日渐成为主导的高智力行业的岗位往往呈现出动态化、多样化和扁平化的特点。其组织结构的设计围绕着任务和项目开展，所以岗位难以形成持久的、一成不变的"工作说明书"，新的岗位不断被创造，岗位的内涵往往并不恒定，而是围绕着需求和市场的变化，呈现自我灵活调整的态势。岗位对人的需求标准、素质要求也不再恒定，而是因为跨界发展、跨领域创新的活跃，岗位人才的特点也变得多样化，其能力素质要求也不断调整，传统岗位导向的薪酬体系所借助的岗位评价技术锁定的评价要素，不再能准确、及时地把握岗位任职条件的关键要素。

在高智力行业中，"岗与岗的差异越来越小，人与人的差异越来越大"。也就是说，岗位的动态变化使得岗位价值的区别不再明确，而传统管理理念所反对的"以人定岗"（传统理念要求"按岗位的要求来定人"）在高智力行业中却不断变成客观需要的有益的现实，人的具体素质和技能成为定义岗位或者设置岗位的重要思考因素。基于此，如果将传统的岗位导向的薪酬模式硬生生地应用于高智力行业，就会产生问题。

表5-1是传统岗位导向薪酬模式的岗位职级表，可以看到，它是基于传统制造业岗位清晰、专业化分工清晰的背景，即"一个萝卜一个坑"，各个岗位泾渭分明分列到不同的级别上。

表 5-1 传统岗位导向薪酬体系的岗位职级表

级别	类别	电子商品事业部	财务部	管理部	行政部	软性商品事业部	车架部	技术部	销售部
9	副主任	软件设计员	主办会计员			设计师	数控副主任	产技部产技副主任	产企部产企副主任
9		硬件设计员					焊接部焊接副主任	模具部模具副主任	业务部业务副主任
9							加工部加工副主任	生技部生技副主任	
9									
8	组长				人事组长		焊接部焊接组长	生技部样品组组长	业务部关务组长
8					总务组长				
8									
8									
7	副组长	工业设计员	成本会计员	总务采购员	人事副组长		焊接部焊接副组长	产技部车架技术员	产企部产品企划员
7					总务副组长			产技部贴标技术员	产企部车架企划员
7								产技部整车技术员	产企部外观企划员
7								模具部数控编程员	业务部关务副组长
7								生技部样品组副组长	业务部外销业务员
6	员级、班长		出纳会计员		人事管理员	打版师	加工部硬焊班长	模具部模具全能员	销售部文员
6			应付会计员			设计师助理员	焊接部附件C班长	生技部加工样品员	业务部关务员
6			应收会计员				焊接部机加工班长	生技部焊接样品员	
6							加工部加工班长	模具部模具制作员	
6								生技部车架生技员	

续表

级别	类别	电子商品事业部	财务部	管理部	行政部	软性商品事业部	车架部	技术部	销售部
5	文员				环境维护员	样衣工	车架部文员	技术部文员	业务部装卸员
5	员级				车辆驾驶员				
5					家政服务员				

这种岗位导向的薪酬体系由岗位测评（或称岗位评价）实现，也就是借助若干通用的要素标准，就岗位的价值进行评分，通过分数的高低确定岗位的价值。

然而，当高智力行业也尝试使用这种岗位测评技术并且沿袭这一岗位职级表体系时，最后却得到了如表5-2所示的岗位级别表，该表是一家互联网公司的实际制度内容节选。

在上面的级别体系内，普遍存在着一个岗位跨多级的现象，不论是技术岗位还是专业岗位（比如金融、设计）。这势必会引发以下两个问题：

1. 对岗位的价值评定变得含混不清，因为一个岗位跨越多个级别，所以岗位的价值差异也就因级别重叠而变得不清晰，这是高智力行业的业务特点导致的，也是上述实例体现出来的问题。

2. 岗位上的在职者的能力差异和期望的收入水平差异较大，使得他们的个体工资不能包含在一个工资级别里。当在职者个体的专业能力和综合能力强的时候，其薪酬水平往往是较低者的一倍以上，这使得工资跨级变得不可避免。

这也就使得我们有理由探讨直接对人付薪的新模式。

技能导向的薪酬体系

技能导向的薪酬体系，是以员工的能力水平为支付薪酬的基础，不受制于职位的限制，注重员工能力的提升，员工自身能力水平的差异决定了薪酬水平的高低，对个人而言，发展机会比较大。这种薪酬模式通常的设计方法是在收入构成中引入"技能工资"一项，将其作为岗位工资科目之外的补充

第五章 刺激人才发展的薪酬体系

表5-2 某互联网公司岗位级别表

专业管理序列		线上运营部					战略发展部		
高管	M8								
总监	M7								
总监	M6								
高级经理	M5								
高级经理	M4							产品经理	运营经理	
经理	M3	品牌运营经理	社媒运营经理	搜索引擎营销经理	媒介经理	客户维护经理		资金经理	渠道高级经理	
经理	M2									
主管	M1					客户维护主管	活动策划主管			
主管	M0									业务经理
专员	P5									
专员	P4									运营专员
专员	P3									
专员	P2									
专员	P1									
助理	P0									

71

续表

技术序列						研发部				
技术专家	P14	高级副总裁								
技术专家	P13		副总裁							
高级工程师	P12			资深架构师						
高级工程师	P11				开发经理					
高级工程师	P10					数据库管理员				
工程师	P9						Java开发工程师			
工程师	P8							PHP开发工程师		
工程师	P7								Markup开发工程师	
工程师	P6								高级测试工程师	
工程师	P5								测试经理	网络经理	网络工程师	设计师

72

部分。

但是对于高智力行业,比如金融、科技,其从业人员的专业水平,不能以传统的"技能"范畴来检测和界定。技能工资的模式,仍然只是适合传统制造业的技工、技师等职业的从业类型。试图针对高智力行业的PHP工程师或者金融精算师进行技能评定和技能工资设定,明显会令企业无所适从。

所以,技能导向的薪酬体系,作为对岗位薪酬模式的有限补充,不足以成为高智力行业的适用模板。并且,成熟的技能评价往往是在企业的运作达到成熟稳定的时候才能够清晰设置的,而针对高智力行业快速发展变化的特点,实用的技能评定就变得难以落地。

绩效导向的薪酬体系

绩效薪酬是一种奖励性报酬,主要用来奖励员工的工作业绩或者超额完成工作的部分,借此提高员工的工作效率和工作质量,是对员工过去工作行为和已取得成就的认可。

这种薪酬体系对绩效考核办法的制定和绩效考核指标的设置有着极高的要求,在实际工作中存在很多较为主观、较难量化的工作内容,要做到考核指标的公正、准确,是对企业相关管理者提出的一个难题。对于高智力行业,要客观、量化地评定员工的业绩,相对困难。随着工作的团队化和跨界发展,个人的业绩产出越发难以从团队的成果中区分出来。所以,对高智力行业的人才来说,对人付薪,也就是对个人的综合能力与专业能力付薪,往往比对业绩付薪更易于操作,也更符合人才的心理期望。毕竟,很多时候,影响个人业绩的因素有很多,未必是个人能把握的。

总体来说,业绩导向的薪酬模式更适用于比较传统的生产、管理、销售等从业人员。

市场导向的薪酬体系

以市场为导向的薪酬体系是企业根据所在地区或行业的薪酬水平来确定自身薪酬水平的,需要企业结合自身的运营情况、效益情况,以及对人才的重视程度来确定采用高于、等于还是低于市场的薪酬水平。如果所在岗位在市场上属于供不应求的状况,比如高级管理人员、科研人员等,那么相关岗位的薪酬水平就会随之上升,而当其岗位出现供过于求的状况时,薪酬水平就会随之下降。

从企业的成本支出来说，市场导向的薪酬，通过薪酬的倾斜，对于加大对高级人才的投入，吸引和留住这些高级人才，提高企业的竞争力是有利的。这种薪酬制度实施的前提是企业对市场上各岗位的薪酬水平及其变化都非常了解并能及时跟进，对客观性和及时性的要求很高；同时，企业要具备能给予员工市场化薪酬的赢利水平和支付水平，否则以市场为导向只会是一句空话。

但是，简单的市场导向的薪酬体系，使个体薪酬谈判成了定薪的主要依据，必然导致员工间的收入不平衡，有失企业内部的公平性。另外，在人才发展方面，当员工入职以后，伴随其能力素质的发展提升，专业通道的不断升级，再试图找出匹配他的市场薪酬价格，就变得困难起来。因此，所谓市场导向的薪酬体系，只是粗线条的有限手段，不足以在人才发展和组织建设方面形成综合管理成效。

此外，还有如基于年功的薪酬体系，即以员工的司龄为支付或增加薪酬的标准，工龄越长，薪酬越高。这种薪酬体系实施简单，标准单一，虽然可以增加员工对企业的忠诚度，但针对目前高智力行业的新兴化发展特点，年功薪酬也不能适应其现实。

高智力行业对人付薪模式

当我们探讨对人付薪或者是对个体均衡的重视加强时，势必涉及如下几个问题：

是否可以由人来决定薪酬级别的设定，而不再由岗位来决定？
宽带薪酬（Broad Banding）模式是否能很好地实现该目的？
如何对人的差异进行评定，并且体现为薪酬差别？
人员发展（职业通道）如何与薪酬体系结合？

接下来对此逐一展开讨论。

是否可以由人来决定薪酬级别的设定，而不再由岗位来决定？

这无疑是一个较大的变化，传统的薪酬模式都是对岗位进行分级设计，而高智力行业的岗位差异被淡化的特点，使得我们必须尝试对人付薪，而这又推导出以人定级的设计思路。

表5-3是我们尝试为一家高智力企业（工程设计和项目管理公司）设计的分级体系。

表5-3 某企业岗位分级体系

工资级别	管理序列	专业序列	
		技术序列	技工序列
11级		首席工程师	首席技师
10级	三总师副职兼部长	资深工程师	资深技师
9级	部长、三副总师（专职）	一级工程师	一级技师
8级	常务副部长	二级工程师	二级技师
7级	副部长	三级工程师	三级技师
6级	科长	四级工程师	四级技师
5级	一级专员	五级工程师	五级技师
4级	二级专员		
3级	三级专员		
2级	四级专员		
1级	五级专员		

这里首先针对技术序列，将该公司的工程技术人员分为不同的专业等级，从最低的五级工程师到最高的首席工程师，我们直接将它们对应到不同的工资级别。同时每级工资有一个薪酬幅度，这意味着从五级工程师晋升为四级工程师，可以获得薪酬上的上升，但是，即便某员工两三年内保持五级工程师不变，也可以获得在薪酬级别内的横向调薪，即工资获得若干档位的调薪。

11级工资的分档情况，如表5-4所示。

同时，针对管理序列的职能人员，从员工层面来看，这里把员工分为一级专员到五级专员，改变了传统制造业模式下对不同的专员岗位进行岗位测评从而确定在不同级别上的做法。这给职能类人员带来如下两个好处：

1. 任何职能类人员，都可以通过自身提升，在不断提高专业水平和综合素质的情况下，工资逐渐上升，从1级升到5级工资。

表 5-4 11 级工资分档表 （单位：元）

工资级别	管理序列	专业序列 技术序列	专业序列 技工序列	岗位系数 1档	岗位系数 2档	岗位系数 3档	岗位系数 4档	岗位系数 5档	岗位工资+绩效工资基数 1档	岗位工资+绩效工资基数 2档	岗位工资+绩效工资基数 3档	岗位工资+绩效工资基数 4档	岗位工资+绩效工资基数 5档
11级	首席	首席工程师	首席技师							13 800	14 600	15 400	16 200
10级	三总师副职兼部长	资深工程师	资深技师	3.500	3.667	3.833	4.000	4.167	13 000	11 000	11 500	12 000	12 500
9级	部长、三副总师（专职）	一级工程师	一级技师	3.167	3.333	3.500	3.667	3.833	10 500	10 000	10 500	11 000	11 500
8级	常务副部长	二级工程师	二级技师	2.900	3.100	3.183	3.283	3.333	9 500	9 300	9 500	9 800	10 000
7级	副部长	三级工程师	三级技师	2.500	2.700	2.817	2.950	3.067	8 700	8 100	8 500	8 900	9 200
6级	科长	四级工程师	四级技师	2.167	2.317	2.467	2.617	2.767	7 500	7 000	7 400	7 900	8 300
5级	一级专员	五级工程师	五级技师	1.967	2.017	2.067	2.117	2.167	6 500	6 100	6 200	6 400	6 500
4级	二级专员			1.717	1.767	1.817	1.867	1.917	5 900	5 300	5 500	5 600	5 800
3级	三级专员			1.467	1.517	1.567	1.617	1.700	5 200	4 600	4 700	4 900	5 100
2级	四级专员			1.233	1.267	1.317	1.367	1.417	4 400	3 800	4 000	4 100	4 300
1级	五级专员			1.067	1.100	1.133	1.167	1.200	3 700	3 300	3 400	3 500	3 600

注：8级"岗位工资+绩效工资基数 1档"实为 8 700，上表以原文为准。

2. 有助于员工的轮岗和内部调动。一般中小企业的职能人员和专业人员，都存在着身兼数岗的情况，或者根据公司需要，比较频繁地在岗位内部调转。对员工来讲，这有助于其职业生涯的丰富，成为复合型人才。而岗位定级的付薪模式，通常来讲是不利于内部的岗位变化或轮岗的。当员工从总部岗位调到分支机构，或者从职能部门调到专业部门，如果按照岗位定级的模式执行，就会出现薪酬升级或降级的要求。如果发生降级，势必不利于鼓励员工职业和岗位的变化，而即便是调动后发生级别上升，也会给未来调回本岗位时的薪酬平衡带来冲突。

而这里把职员岗位按个体水平分为1级到5级，可呈现典型的对人付薪的特点，工资随着人走，不论员工如何兼任其他岗位或工作，或者发生轮岗调岗，都不影响其收入因个体综合能力与价值的提升而获得上调，从而最大限度地鼓励员工的发展。

高智力企业鼓励发展复合型人才，与传统制造业的条块分割、鼓励专业化和确定性是不一样的，以上的对人付薪的架构，可以满足高智力行业的人才管理策略需要。

宽带薪酬模式是否能很好地实现该目的

以上的对人付薪模式设计，从理念上讲并不陌生，因为2000年以后从美国发展起来的宽带薪酬模式，其实也是这样的思路。

所谓宽带薪酬，就是薪酬的级别数量减少，而每级工资幅度变大，这样可以削弱对岗付薪的倾向，而在一个更宽的薪酬幅度内实现对人付薪的空间。图5-1是宽带薪酬与传统岗位付薪模式的形式区别。

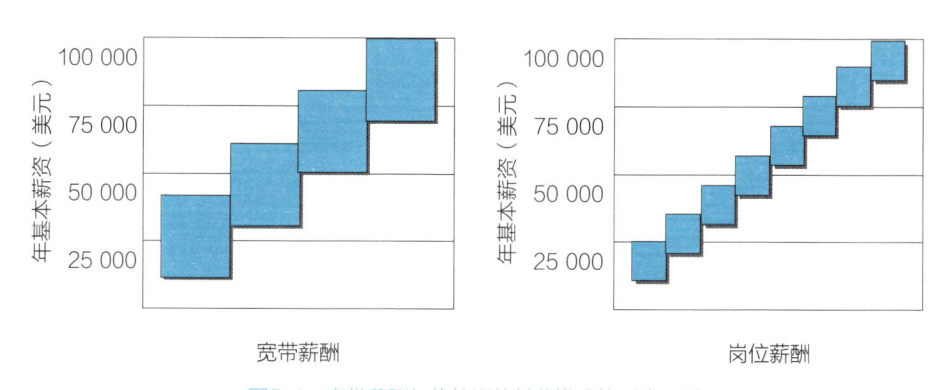

图5-1 宽带薪酬与传统岗位付薪模式的形式区别

图5-1左侧宽带薪酬的特点是：

幅度较大，等级较少；

级别幅度为150%—300%；

它减少了对职位大小的强调，而重视技能发展和市场价格。

图5-1右侧传统岗位付薪模式特点是：

幅度较窄，等级较多；

级别幅度为40%—50%；

需要经过岗位测评来确定岗位的薪酬级别；

通过晋升来提高薪水。

胜任素质模型与专业技术序列的工资体系设计

在实践中，宽带薪酬也会给实际操作者带来执行上的困难：在很宽的级别幅度内，对于不同水准的技术人员或专业人员，该如何为其工资定位？

在此依然建议基于传统的多级别薪酬体系，但是对同一岗位，可以跨多个级别执行工资，从而在实质上实现宽带，同时又借助多级别的评定和晋升，在具体的员工定级和薪酬调整方面给企业的执行者提供依据，从而使宽带薪酬变得易于落地执行。

区别个体差异当然不止一种模式，一些喜欢量化管理的企业，可能会认为下述基于学历等资历素质对个体进行打分的模式更可取。如果以员工的学历、工龄、司龄、职称这些相对客观硬性的指标进行评分，并根据分数高低来确定员工的等级，以确定个体的薪酬级别，就会表现为如下例所示的模式。

计算个人综合积分，如表5-5所示。

表5-5 个人综合积分核算表

	因素	说明	计分办法
资历	学历		博士10分 硕士8分 本科6分 大专4分 高中、职高、技校中专3分 初中2分
	司龄	中铁系统	司龄每年积0.5分，科长及以上，10分封顶，员工6分封顶

续表

因素		说明	计分办法	
资历	职称	中铁系统评定的职称	高级职称 10 分 中级职称 8 分 助理级职称 7 分 员级职称 6 分 无职称 5 分	高级技师 9 分 技师 7 分 高级工 6 分 中级工 5 分
岗位	管理系数	科级以上岗位	三副总师 70 分 常务副部长 48 分 副部长 30 分	部长 60 分 正科副部长 48 分 科长 20 分
	岗位价值	领导和上级按权重评估	详见下，满分 20	

其中，岗位工作量评估，由人力资源部组织公司的相关领导进行纸笔评价，从而对个人定级。

根据个人综合积分，按表5-6的各档分数标准，确定级别和档位。

表5-6 评估得到的分数与员工的专业等级、薪酬等级对应关系

级别	管理序列 / 机关岗位	技术序列	技工序列	1档	2档	3档	4档	5档
10级	三副总师			110	113	117	121	126
9级	部长			92	95	98	103	108
8级	常务副部长	首席工程师	首席技师	74	77	81	85	90
7级	副部长	资深工程师	资深技师	56	58	62	67	72
6级	科长	三级工程师	三级技师	45	47	48	51	55
5级	五级专员	二级工程师	二级技师	36	38	40	42	44
4级	四级专员	一级工程师	一级技师	30	31	32	33	34
3级	三级专员			24	25	26	27	28
2级	二级专员			18	19	20	21	22
1级	一级专员			12	13	14	15	16

说明：
1. 上表各档对应的分数就是需要达到的标准。未达到的，按低一档对标。
2. 员工现有工资高于定级定档后工资标准的，需要调整到对标后的档位。
3. 新入职员工，或发生晋升、调动的员工，均按上表定级定档。

通过上面的评分模式，我们可以确定员工的薪酬等级和专业等级，得到类似表5-7的结果。

表5-7 确定薪酬等级和专业等级

序号	姓名	性别	所在单位	现任职务	工作饱和度	学历	司龄	职称	管理系数	岗位工作量	分数合计	对应级别	对应档位
36	李连才	男	公司办公室	科长	饱和	6	4	7	20	12	49	6级	6-3
37	占义	男	公司党群部	部长	饱和	4	10	7	60	20	101	9级	9-3
38	刘静	女	公司纪委	部长	饱和	4	10	7	60	20	101	9级	9-3
39	孙鹏	男	公司党群部	副部长	饱和	6	2	6	30	12	56	7级	7-1
40	郭璐	女	公司工会	副部长	饱和	6	3.5	7	30	12	58.5	7级	7-2
41	胡君华	女	公司党群部	科长	饱和	4	10	7	20	12	53	6级	6-4
42	高微	女	公司党群部	组织科科长	饱和	6	2	7	20	12	47	6级	6-2
43	丁丽业	女	公司党群部	宣传科科长	饱和	6	4.5	7	20	12	49.5	6级	6-3
44	郑涛	男	公司人力资源部（干部部）	公司副总经济师兼部长	饱和	6	4.5	8	60	20	98.5	10级	10-1
45	黄晓光	男	公司人力资源部（干部部）	副部长兼培训中心主任	饱和	6	2.5	7	30	12	57.5	7级	7-1
46	张陈晨	女	公司人力资源部（干部部）	副部长	饱和	8	1.5	7	30	12	58.5	7级	7-2
47	陈豪杰	男	公司人力资源部（干部部）	科长	饱和	6	2.5	8	20	12	48.5	6级	6-3
48	郭保健	男	公司财务部	公司副总会计师兼部长	饱和	4	10	8	60	20	102	10级	10-1
49	段付浩	男	公司财务部	副部长	饱和	6	5	7	30	12	60	7级	7-2
50	刘虹丽	女	公司财务部	部长	饱和	4	9.5	10	30	12	65.5	7级	7-3
51	陈继光	男	公司资金部	部长	饱和	4	5.5	6	60	20	95.5	9级	9-2

以上的计分定级模式虽然简便易操作，但是在要素效度方面存在问题，最大的问题是评分依据只是一些硬指标，与岗位和人才的契合度不够。

那么，更好的做法是什么样的呢？这里就要借助胜任素质模型来进行评分。如何建立胜任素质模型呢？

首先，将公司的专业技术岗位分成若干职种。每个职种包含要求的任职条件和能力近似的岗位。接下来为每个职种设计胜任素质（Competency）模型。如表5–8所示。

其次，针对某职种进行胜任素质模型的开发。它通常包括三个模块：专业知识与技能若干项、综合能力若干项、硬性指标若干项（表5–9）。

有了上述模型，我们就可以对该职种的所有员工进行评价。给上面的表栏的每项等级预设从低到高的分数，并将其作为评级人的打分依据，这样就可以得到每个人的胜任分数。根据分数高低，我们把人员分成不同的专业等级。

具体专业等级的设定可以参看表5–10。

对行政序列的员工来说，其专业等级分为P2—P6级，某个员工能评为哪个专业等级，是通过基于所属职种的胜任素质模型评价来确定的，而不同专业等级（P2—P6）又对应不同的工资级别。

这样就实现了对人的能力素质付薪，从而加强了人才发展的管理导向。

同样，对行政序列的管理人员，其等级分为M1—M6级，在职者被确定为哪个等级，也是基于胜任素质评价或其他近似的评价方式。这样，一个管理者处于几级，拿几级工资，不主要由其岗位价值决定，而是由人本身的能力决定。在这种模式下，已经不需要对岗位进行岗位测评了。

对技术人员来说，这里分为一级到高级工程师，或者称为T3—T10级。

接下来，公司还要对所有岗位执行P、M、T哪个序列进行设定，这样就形成了高科技企业的发展激励型薪酬模式。

将公司的职务（岗位）按类别性质划分为四个功能类，每个功能类内分若干职位系，职位系指工作性质和专业技能要求接近的少量岗位和集合。

每个具体岗位都必须隶属于某一功能类和职位系。如表5–11所示。

表5-8 某企业职种设计胜任素质模型（信息化事务部 职种—技术序列）

职种	研发	前端	设计	运维	测试	产品	安全
职种定义	根据需求制订新产品/新功能的设计方案，并按照计划的时间完成代码的开发和上线。维护和持续优化现有的系统，确保业务功能的运行效率和稳定性。对公司产品的更新迭代效率以及产品服务的稳定性承担责任	根据产品设计稿开发页面，并完成交互操作脚本，同时保证设计与最终呈现给用户的配合各种活动的营销，开发制作相关动态页面。维护并优化现有页面的用户体验，保证更好的用户体验和更低的开发成本。对产品设计呈现及交互呈现最终效果与内容的兼容差异不一致承担责任	针对项目的需求，设计不同风格的界面，并提出项目评审并有效的修改方案。实时把握Web设计的流行趋势，提出创新的创意策略。分析网站架构，结合用户体验，优化设计。确保平台整体视觉的最终呈现和页面的兼容和呈现差异承担责任	根据所负责系统进行日常维护工作，保障系统的安全、稳定，正确发布系统的新程序，并对流程进行优化，改进工作，负责系统监控及反应优化。及时响应运维的事件处理。会使用系统相关工具，参与对所负责版本升级优化工作。保证系统7×24小时的服务	根据产品的需求和研发对公司产品（软件/硬件）的各项功能和指标进行分析并验证，衡量软件性能，满足设计要求。进行评审，给出结论。给出达到上线标准的结论。对上线后公司产品在使用上的可用性、易用性和稳定性承担责任	负责产品功能的定义，规划和设计，并协调资源与人力，推动相应产品的组织开发，保证团队顺利跟踪工作及展开工作序错误。根据产品的生命周期、协调研、营销、运营等，确定和组织实施相应的产品策略。对产品目标效果达成以及后续跟踪、分析、优化承担责任	维护公司网站安全、业务上线，平台，上线测试推人。国家等级体系认证，行业体系认证。办公网外部、内部安全。应急事件响应团队建设。知识转化产品转化
对应岗位	PHP工程师	PC页端开发	用户界面设计师网页	系统运维	测试经理	产品经理（运营方向）	体系安全工程师
	Java工程师	交互脚本开发	用户体验视觉设计师	应用运维	移动测试工程师	产品经理（金融方向）	渗透安全工程师
	大数据工程师	H5游戏开发	特效设计师	运维开发	网络测试工程师	产品经理（移动端方向）	数据库工程师
	数据分析师	移动端页面开发	动画设计师	IDC运维	性能测试工程师	产品经理（技术方向）	Python工程师
	数据库管理员		网页设计师	网络运维	自动化测试工程师		
	架构师		平面设计师		白盒测试工程师		

82

第五章 刺激人才发展的薪酬体系

续表

职种	研发		前端	设计	运维	测试	产品	安全
对应岗位	安卓工程师					游戏测试工程师		
	iOS工程师					硬件测试工程师		
						安全测试工程师		
						服务器测试工程师		
岗位数量	8		4	6	5	10	4	4

表5-9 针对前端开发的职种设定的胜任素质模型

任职资格要项	任职资格子项	等级	行为标准
专业能力（权重：40%）	设计理论	1	对设计理论有初步的了解，在实际的工作中有一定的运用设计理论的能力
		2	熟悉业界各种常见的设计理论，能根据作品判断设计理论的来源，能在实际工作中使用设计理论
		3	熟悉业界各种设计理论，能在实际工作中灵活应用设计理论，并用设计理论解释自己的作品
		4	精通业界各种设计理论，能在实际工作中充分地应用设计理论
		5	精通业界各种设计理论，能根据实际的工作成果，归纳出新的设计理论思路
	工具技能	1	能熟练地使用在工作中需要用到的设计软件，能通过阅读相应的参考书完成要求的效果
		2	能熟练使用在实际工作中需要用到的各种设计软件，能知道各种设计效果的制作方法
		3	精通工作中需要用到的各种设计软件，通晓各种设计效果的制作方法，能根据实际工作的需要创造性地使用的工具使用方法
		4	精通各种工作中需要用到的设计软件，精通各种设计效果的制作方法，能指导其他人使用专业的设计软件
		5	精通各种工作中需要用到的设计软件，精通各种设计效果的制作方法，对业界工具软件的变化了如指掌，为团队引入新的设计工具和方法

续表

任职资格要项	任职资格子项	等级	行为标准
专业能力（权重：40%）	需求分析	1	能理解产品经理提出的设计需求，制定相应的制作目标
		2	能根据用户的描述，初步归纳产品需求内容，协助完成产品需求分析
		3	能独立面对用户，根据用户描述完成产品需求归纳，形成产品需求文档
		4	能独立面对用户，根据用户描述完成产品需求归纳，能在一定程度上引导用户，帮助用户明确产品需求
		5	能完成大型项目的产品需求分析，能良好地引导用户归纳整理自身需求的需求，并形成最终的需求文档
	设计制作	1	能根据项目需求，协助其他设计人员，制作项目中的一些局部设计，对项目中需要用到的素材进行储备
		2	能根据产品需求，初步完成简单的项目制作，并协助其他设计人员，完成一些精细化的图形制作
		3	能根据产品需求，独立完成整个项目，对项目中的视觉效果和风格把控有良好的展现能力
		4	能根据不同产品需求，独立完成设计项目，能独立完成设计方案，提出优秀的设计方案，并对设计对效果和风格的展现起主导作用
		5	能完成大型项目目的设计，并对设计风格和展现效果有优秀的把控能力，能协调其他设计人员共同完成项目工作，并提出项目中的可预见问题
素质（权重：40%）	沟通表达能力	1	（1）在日常交流中，能抓住谈话的中心议题。 （2）简洁清晰地表达自己的思想观点，且重点突出。 （3）与他人保持良好的工作关系
		2	（1）能以开放、真诚的方式接收和传递信息、观点。 （2）尊重他人、能够理解和包容他人的行为。 （3）善于倾听、能倾听他人的意见。 （4）建立并保持与他人的良好工作关系
		3	（1）能用清楚的理由和事实支持自己的观点。 （2）善于倾听，适当裹可以获得对信息的准确理解。 （3）能够有效运用各种沟通技巧说服他人。 （4）能够协调解决矛盾冲突

续表

任职资格要项	任职资格子项	等级	行为标准
素质（权重：40%）	沟通表达能力	4	（1）保持沟通的清晰、简洁、客观，且切中要害。 （2）针对不同听众，调整适当的语言和表达方式以取得一致结论。 （3）能够很好地协调解决矛盾冲突。 （4）建立并维持富有成效的工作关系
	积极主动性	1	（1）不能自觉地完成任务，有时需要他人的督促。 （2）只做职责范围内的工作，即使对组织有利，也很少考虑付出额外的努力。 （3）较少提前计划和思考问题，常常直到问题发生后才意识到事情的严重性
		2	（1）在没有人要求的情况下，自觉投入更多的努力完成自己的本职工作。 （2）工作中遇到困难和障碍时，主动寻找解决的办法，不依赖他人。 （3）能够辨别目前存在的机会和问题，但很少考虑未来
		3	（1）主动承担不属于自己的事情，或主动帮助他人解决工作中的问题。 （2）在机遇出现时，能够提前发现并采取一定行动把握机遇。 （3）危机到来时，能够通过某种安排将损失降低到最低程度，主动完成工作。 （4）不需要任何正式授权，能够承担风险
		4	（1）提前预计工作中可能发生的问题，并采用技术手段进行预警控制。 （2）能够预见一年后会更长时间内的情况，提前采取行动，创造机会。 （3）以身作则，引发他人的积极行动意识。 （4）想方设法付出额外努力，借助他人力量完成工作。 （5）表现出对工作的疯狂热爱，甚至个人利益受损也要保证高质量的工作结果
	团队协作能力	1	（1）在团队中不愿与他人合作，有时制造内部矛盾。 （2）对于团队其他成员提出的合作请求不能积极回应，或回避回避。 （3）在工作中喜欢独立作业，很少与他人交换信息。 （4）保持中立和被动的态度，不积极参加合作
		2	（1）愿意与他人合作开展工作，自愿参与和支持团队的决定。 （2）能够与团队中的其他成员共同交流，分享有用的信息和资源。 （3）正面看待和谈论团队的成员，表达出对他人才智的尊重

85

续表

任职资格要项	任职资格子项	等级	行为标准
素质（权重：40%）	团队协作能力	3	（1）尊重他人的意见和专业知识，愿意向他人学习。 （2）在做决策时，诚恳征求团队他人的意见、创意和经验。 （3）对其他团队成员的能力和贡献给予公开赞赏和鼓励。 （4）在危机关键时刻愿意站出来帮助其他团队成员解决难题。
		4	（1）不隐藏和回避团队中的冲突，并积极寻求有利的解决方案。 （2）无论个人的喜好如何，均能采取行动来促进团队内良好的工作关系。 （3）积极主动地培养其他团队成员的合作精神，努力营造团队中昂扬的士气和良好的合作氛围。
	问题分析解决能力	1	（1）局限于依靠规章制度或惯例、程式化地解决问题。 （2）很少提出有创造性的问题解决或常规的解决方法。 （3）遇到非常规的解决总是需要借助他人的力量或寻求上级指示。
		2	（1）能够解决工作中出现的常规问题，但非常规一般性突发事件的解决往往需要借助他人的力量。 （2）在处理问题前，首先要搞清楚问题的实际情形，提出针对性地解决方法。 （3）在采取行动前，能够花时间思考和预计不同方案可能的结果。 （4）根据以经验或常规做法，熟练地使用多种解决问题的方法和工具。
		3	（1）能够解决工作中比较复杂的问题，具有处理一般性突发事件的能力。 （2）能通过对掌握的基本事实和相关信息的分析、准确判断问题的关键症结，并采取相应的解决措施。 （3）能够针对不同的情况，采用灵活有效的方式解决问题。 （4）能和他人就所需解决的问题展开讨论、或进行试验等验证自己的想法。
		4	（1）能迅速解决工作中棘手的问题，一旦情况发生，能够迅速反应，促使事态向良性方向发展。 （2）总是能够挖掘出问题产生的根本原因，吸取教训，并采取相应的预防措施，以防止同样的问题再次发生。 （3）能够预见到可能出现的问题，并采取相应的预防措施。 （4）不拘泥于常规思维，有良好的领导能力，以创造性的方式解决问题。
	学习能力	1	（1）在工作中能够理解上司或同事传授的知识和技能。 （2）拥有效的学习途径与方法。
		2	（1）主动并能从工作中不断总结经验，吸取教训，对工作有所改进。 （2）遇到新的知识，能主动学习，并且积极主动安排公司安排的有关培训与交流的活动。

续表

任职资格要项	任职资格子项	等级	行为标准
素质 （权重：40%）	学习能力	3	(1) 主动学习新知识并了解业务动态，并能虚心向公司内部或外部有关专家、甚至自己的下属请教，并在实践中运用，对工作有实质性的改进。 (2) 能将自己的经验教训提供给他人做指导
		4	(1) 积极主动地从各种渠道学习本岗位最新业务知识、动态、行业内的先进知识，并对工作有促进作用。 (2) 能快速学习新的知识，掌握并加以应用
	创新能力	1	(1) 借用其他领域的方法，创立或引进新的观念或程序，参照系以外的观点与方式。 (2) 在工作中偶尔有创新
		2	(1) 抛弃陈腐，建设性地不断进步，而不受当前问题的影响。 (2) 能清楚地看到企业中能提高效率的环节，并能将其完善
		3	(1) 培养创新性，承认并奖励别人的创新性。允许他人试验、尝试新事物。帮助引进新的观念、方式与程序。 (2) 能激励他人、引导他人创新
		4	(1) 创造利于培养创新的环境，承认并奖励那些有创造性的人，与他人开诚布公地讨论问题。 (2) 创造学习型组织的企业文化，塑造新型的团队管理理念
	抗压能力	1	(1) 能够接受常规性工作。 (2) 能够在工作时间内，完成自己的任务。 (3) 能够串行完成工作任务
		2	(1) 完成常规性工作的同时，可以接受额外的工作。 (2) 能够在规定的时间内，高效地完成自己的工作。 (3) 能够处理临时紧急的需求，并保质保量完成
		3	(1) 愿意接触有难度的工作。 (2) 能够高效地提前完成工作，并主动承担额外的工作。 (3) 能够并行处理多项工作，保质保量完成
		4	(1) 乐于接受有挑战性的工作。 (2) 能够在高强度压力下，出色地完成工作。 (3) 能够并行处理多项紧急工作，并高效完成任务

续表

任职资格要项	任职资格子项	等级	行为标准
素质 （权重：40%）	执行力	1	（1）能够根据企业或者上级的明确要求，知道自己的职责范围。 （2）需要在别人的帮助和监督下，完成各项任务。 （3）能够基本遵守企业及部门的各项管理规章制度。
		2	（1）能够根据企业或上级的明确要求，结合本岗位的职责，确定自己的短期工作目标。 （2）能分解工作目标，较好地执行控制工作进度，并能顺利高效地完成各项任务。 （3）能够较好地执行企业及部门的各项管理规章制度。
		3	（1）能够配合企业制定生产目标，并能提出实现目标的建议。 （2）能够很好地协调和控制工作进度，积极创造条件完成各项任务。 （3）能够很好地执行企业及部门的各项管理规章制度。
		4	（1）能够配合企业制定生产目标，并能把控目标的进度。 （2）能够高效地完成各项任务。 （3）能够严格执行企业及部门的各项管理规章制度，并能对其中的一些条款目提出执行改进意见。
	管理能力	1	（1）与上级及所分管的员工进行沟通。 （2）组织、协助上级制订、修改部门的管理制度和工作流程，能对人、财、物、信息等资源的合理配置和有效利用提出优化建议。 （3）协助上级开展部门的党群工作和企业文化活动，并提出完善党群工作和企业文化活动的内容。 （4）协助部门与公司内外部门的关系，丰富党群工作和企业文化活动的内容。 （5）协助协调部门与公司内外部的关系，参与处理工作中的矛盾和冲突。
		2	（1）根据公司的组织结构，优化部门的岗位设置，人员分工和职责权限。 （2）优化部门的资源配置，促进部门资源的合理利用。 （3）组织制订部门的管理制度和工作流程，并进行优化。 （4）开展部门的党群工作和企业文化活动，营造和谐的团队文化氛围。 （5）协调部门与公司内外部的关系，及时、灵活地处理工作中的矛盾和冲突。 （6）指导低级别人员开展组织管理工作。
		3	（1）根据公司战略和组织结构调整的需要，参与、推动公司的组织变革。 （2）对部门的资源进行合理的规划和配置，提高资源的利用效率。 （3）统筹规划并开组织部门的领导班子建设、党群和企业文化建设等活动，建立积极拢取、和谐的团队氛围。 （4）协调部门与公司内外部的关系，能及时、灵活地处理与内外部关系中的矛盾和冲突，并能采取有效措施预防矛盾和冲突的发生。 （5）指导低级别人员开展组织管理工作。

续表

任职资格要项	任职资格子项	等级	行为标准
素质（权重：40%）	管理能力	4	（1）根据公司内外部环境的变化，参与设计公司的组织变革方案，并提出合理化建议。 （2）参与对公司资源的规划和配置，集中公司的优势资源，提高资源的综合利用效率。 （3）参与公司的领导班子建设、党团工作和企业文化建设，增强企业凝聚力。 （4）研究、制定和业务接口单位或部门的公关策略，组织开展公关活动，与业务接口单位或部门建立密切的合作关系。 （5）指导低级别人员开展组织管理工作
资格基础项	学历（权重：5%）	1	获得专科或同等学力
		2	获得本科或本科同等学力
		3	获得研究生（硕士）及以上或同等学力，包括双学位
	同岗位年限（权重：5%）	1	同岗位工作年限 0—1 年
		2	同岗位工作年限 1—3 年
		3	同岗位工作年限 3—5 年
		4	同岗位工作年限 5—8 年
		5	同岗位工作年限 8 年以上
	从业背景经验（权重：10%）	1	公司规模 50 人以下公司
		2	公司规模 50—100 人的公司
		3	公司规模 100—500 人的公司
		4	公司规模 500—1 000 人的公司
		5	国内外知名互联网公司 百度、阿里、腾讯、360、小米、网易、搜狐、新浪、京东、金山、字节跳动、拼多多、美团、微软、亚马逊、谷歌、苹果、雅虎等

表 5-10 根据岗位胜任分数设定具体的专业等级

级别	技术序列	职级		行政序列	专员	主管	副经理	部门经理	分支办副职	分支办正职	市场班子负责人	级别	序号	最小值	中点值	最大值
				副总经理/总经理助理								M6	12	17 400	21 700	26 100
T10	总工程师	85分以上		市场总监/业务模块负责人								M5	11	14 800	18 500	22 200
T9	高级工程师 B	[80—85)分		部门经理								M4	10	12 800	15 600	18 600
T8	高级工程师 A	[75—80)分		分支办副经理								M3	9	10 900	13 300	15 900
T7	产品经理	[60—75)分										M2	8	9 400	11 500	13 700
T6				部门副经理		主管						M1	7	8 500	10 400	12 400
T5	三级工程师	[50—60)分			一级专员							P6	6	8 000	9 200	10 400
T4	二级工程师	[40—50)分			二级专员							P5	5	7 200	8 100	9 000
T3	一级工程师	40分以下			三级专员							P4	4	6 100	6 800	7 700
				四级专员								P3	3	5 000	5 600	6 300
				五级专员								P2	2	4 100	4 600	5 200
												P1	1	3 400	3 800	4 500

表5-11 具体岗位隶属的某一功能类和职位系

功能类	行政管理			财务管理			业务管理			市场开发管理		
功能类代码	AXZ			BCW			CYW			DSC		
职位系	职位系代码	职位系	职级	职位系代码	职位系	职级	职位系代码	职位系	职级	职位系代码	职位系	职级
	AXZ001	固定资产管理	M/P	BCW001	成本费用会计	M/P	CYW001	风险管理	M/P	DSC001	业务推动	M/P
	AXZ002	健康保障	M/P	BCW002	收入会计	M/P	CYW002	技术管理	M/P	DSC002	市场开发	M/P
	AXZ003	接待服务	M/U	BCW003	电商业务会计	M/P	CYW003	保险采购管理	M/P	DSC003	招投标业务	M/P
	AXZ004	司机车辆	M/U	BCW004	预算会计	M/P	CYW004	服务标准	M/P	DSC004	项目立项	M/P
				BCW005	资金管理	M/P	CYW005	流程与投诉处理	M/P			
				BCW006	资产管理	M/P	CYW006	服务履约	M/P			
				BCW007	预算管理	M/P	CYW007	案件与服务考核	M/P			
				BCW008	往来结算会计	M/P	CYW008	业务系统管理	M/P			
				BCW009	税务会计	M/P	CYW009	数据管理	M/P			
				BCW010	会计档案管理	M/P	CYW010	客户档案管理	M/P			
				BCW011	报表	M/P	CYW011	业务审核	M/P			
				BCW012	会计稽核	M/P						
				BCW013	集中采购	M/P						
				BCW014	会计事务	M/P						
				BCW015	出纳	M/P						

续表

功能类代码	功能类	职位系代码	职位系	职级
	信息管理 EIT	EIT001	安全工程	M/T
		EIT002	数据工程	M/T
	服务支持 FFW	FFW001	数据管理	M/P
		FFW002	技术创新与支持	M/P
		FFW003	营销服务	M/P
		FFW004	客户服务	M/P
		FFW005	招投标	M/P
		FFW006	重大赔案服务	M/P
		FFW007	调赔服务	M/P
		FFW008	服务支持	M/P
	人力资源 GHR	GHR001	薪酬福利	M/P
		GHR002	员工关系	M/P
		GHR003	绩效管理	M/P
		GHR004	招聘	M/P
		GHR005	培训发展	M/P
		GHR006	系统管理	M/P
		GHR007	企业文化	M/P
		GHR008	组织结构	M/P
	保险技术 IBX	IBX001	产品研发	M/T
		IBX002	数据分析	M/T
		IBX003	产品管理	M/T
		IBX004	市场研究	M/T

功能类代码	功能类	职位系代码	职位系	职级
	索赔技术 JSP	ISP001	索赔技术	M/T
		ISP002	索赔管理	M/T
	服务技术 KFW	KFW001	产品研发	M/T
		KFW002	技术支持	M/T
		KFW003	案件处理	M/T
		KFW004	网站运维	M/T
	信息技术 LIT	LIT001	UI设计	M/T
		LIT002	前端工程师	M/T
		LIT003	开发工程师	M/T
		LIT004	质量管理	M/T
		LIT005	网络管理	M/T
		LIT006	系统维护	M/T

以上给出的高科技企业或高智力企业的发展型薪酬设计的办法，作为参照借鉴的材料。

最后，我们再补充讲述一下胜任素质模型的构建方法。

胜任素质模型的基本内容

胜任素质简述

胜任素质又称能力素质，在组织管理中是指驱动员工完成卓越绩效的一系列综合素质，是员工通过不同方式表现出来的知识、技能或能力、职业素养、自我认知、特质等素质的集合。

哈佛大学教授麦克利兰（McClelland）是将胜任素质应用于实践的第一人。麦克利兰采用行为事件访谈法收集第一手材料，比较分析工作表现优秀和一般的驻外服务信息官员具体行为特征的各项差异，最终提炼出驻外服务信息官员胜任工作且能做出优秀绩效所应具备的能力素质。

胜任素质模型自诞生之日起就被应用到人力资源管理的各个方面，实践证明，运用胜任素质模型可以提高企业的人力资源质量，提升组织竞争力，从而推进企业发展战略目标的实现。

胜任素质识别

首先要调研实际工作中业绩卓越和业绩一般的员工在哪些方面有明显差别，从而确定岗位的能力素质要项，一般分成以下三个层面。

核心能力

核心能力是指公司的主要能力，即公司在竞争中处于优势地位的强项，其他对手很难达到或者无法具备的一种能力。聚焦核心能力，可以给企业带来长期竞争优势和超额利润。

核心能力具有以下特性。

价值性：核心能力对于提高最终产品的用户价值起着至关重要的作用，是用户价值的来源。

独特性：这种能力是企业所特有的，是"独一无二"的。

难以模仿性：由于核心能力是企业特定发展过程的产物，具有路径依赖性和不可还原性，因而原因模糊，其他企业很难模仿。

延伸性：核心能力可以给企业衍生出一系列新的产品/服务，使企业得以扩展到相关的新业务领域。

动态性：企业的核心能力虽是其资源长期积累的结果，但它并非一成不变。

专业技能

专业技能是指运用某项专业知识完成具体工作的技术或能力，例如文案写作能力、财务分析能力等。

知识

知识层面既包括员工从事某一职业领域工作所必须具备的专业信息，例如人力资源管理知识、法律知识，也包括员工在某一组织中工作所必须掌握的相关信息，例如公司知识、产品知识和客户知识等。

胜任素质模型

根据企业中从事某岗位的员工应具备的胜任素质，从核心能力、专业技能、知识三个层面构建其胜任素质模型，具体内容如图5-2所示。

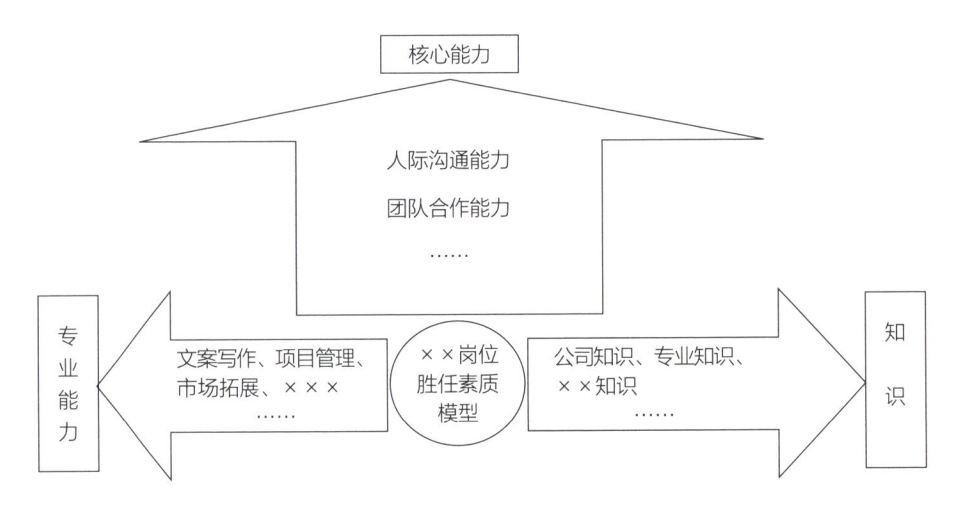

图5-2　某岗位胜任素质模型

胜任素质模型的构建步骤

模型构建的步骤

具体步骤如下：

1. 明确企业发展战略目标。

确定企业未来三至五年的发展目标，以及实现目标的战略重点。这些是决定企业对人才能力、素质要求的指导线。

2. 确定目标岗位。

选择那些对企业战略目标的实现起关键作用的核心岗位作为目标岗位，然后分析目标岗位要求员工所应具备的胜任素质特征，从而构建符合岗位特征的胜任素质模型。

3. 界定目标岗位绩优标准。

区分员工在目标岗位绩效优秀、绩效一般和绩效较差的行为表现，从而界定绩优标准，再将界定好的绩优标准分解细化到各项具体任务中，从而识别任职者产生优秀绩效的行为特征。

4. 选取样本组。

根据目标岗位的胜任素质特征，在从事该岗位工作的员工中随机抽取绩效优秀员工（3—6名）和绩效一般员工（2—4名）作为样本组。

5. 收集、整理数据信息。

一般通过行为事件访谈法、专家数据库、问卷调查法、个人访谈法、小组访谈法等方法来获取样本组有关胜任素质特征的数据资料。

6. 定义岗位胜任素质。

根据归纳整理的目标岗位数据资料，发掘绩优员工与绩效一般员工在处理类似事件时的反应及行为表现之间的差异，识别导致关键行为及其结果具有显著区分性的能力素质，并对识别出的胜任素质规范定义。

7. 划分胜任素质等级。

对各个素质项目进行等级划分，并对不同的素质等级做出行为描述，初步建立胜任素质模型。

8. 构建胜任素质模型。

结合企业发展战略、经营环境及目标岗位的实际情况，将初步建立的胜任素质模型与企业、岗位、员工三者进行匹配与平衡，构建并不断完善胜任素质模型。

模型构建的流程图

构建胜任素质模型的流程如图5-3所示。

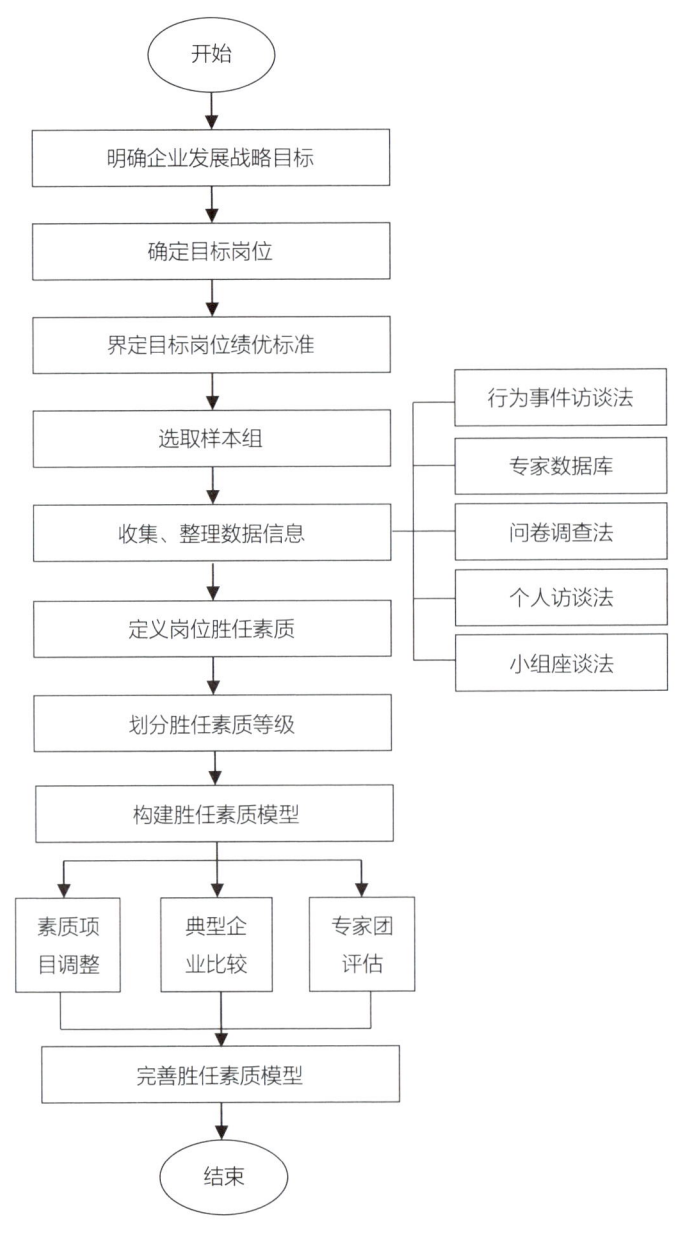

图5-3 构建胜任素质模型的流程

第六章

营销人员[①] 薪酬激励设计技巧

---
① 本章涉及的营销人员是指传统模式的营销人员，更倾向于销售（sale）而非市场营销（marketing）。

通过前五章的介绍，我们掌握了针对生产、研发、管理、服务等大多数企业岗位的薪酬设计方法。简单来说，就是对月薪进行分级，对绩效工资进行考核。

它们的共同点是收入中的固定部分占比较大，变动部分的占比较小，因此我们也重点设定其固定部分的工资分级和公平性。

但是，通常来说，以上方法对营销人员并不适用。营销人员的工作有以下两个特点：

1. 工作独立性比较强，业绩容易量化；
2. 同是从事营销工作，岗位的重要性是一样的，区别在于每个人的具体表现，而不是岗位价值。基于此，对营销岗位也不必做岗位价值评估，因为其岗位收入水平与企业的其他岗位人员之间不太具备可比性。因此，营销人员的收入情况表现为固定工资比例小，个体之间的固定工资也基本一致，变动工资的比例大。

因此，我们需要对营销人员的薪酬单独进行设计，制定专门的薪酬制度，其中体现的原则也不是前文提到的三种公平性理论。

对营销人员的薪酬设计，需要紧扣其业绩完成程度，建议将其收入分为固定工资、绩效工资、提成三部分。

固定工资：进行分级设计，每级对应不同的销售任务完成情况，可以升级、降级。

绩效工资：进行考核发放。

提成：按百分点进行。

这样三部分内容充分发挥了激励措施的作用。具体参考以下实例。其中，团队经理是若干销售员的管理者，区域经理是省、自治区或市的所有销售人员的最高管理者。他们的收入都结合所辖范围内的业绩来设定。

销售员

一、薪酬

销售员的工资分级可以按表6-1设定。为不同等级的销售员设定月度销售业绩目标，目标越高，其固定工资的级别越高，等级越高。

表 6-1　销售员分级

级别	岗位	等级	一类城市		
			基本工资（元）	绩效工资基数（元）	业绩目标（万元）
S1	销售员	T7	卓越	10 000	5 000	150
		T6	首席	6 000	4 000	100
		T5	资深	5 000	3 000	60
		T4	高级	4 000	2 000	40
		T3	中级	3 500	1 000	30
		T2	初级	3 000	1 000	20
		T1	见习	2 000	500	10

表6-1为一类城市的工资分级。一类城市薪酬系数为1.0，二类城市薪酬系数为0.85，三类城市及百强县薪酬系数为0.7，普通县为0.5。

二、绩效

关于二类、三类城市和县的划分，以及相关工资标准与业绩目标，具体参见表6-2。

表 6-2　工资级别标准与任务一览表

业绩目标达成率	绩效工资发放比例	合规（扣分项）
小于30%	0%	1. 轻微违规，扣除绩效工资的10%—20%。
大于30%	按业绩目标达成率发放，100%封顶	2. 一般违规，扣除绩效工资的30%—50%。 3. 严重违规，当月绩效工资为0

说明：
1. 业绩目标达成率=当月完成业绩/本等级的业绩目标。
2. 新员工入职当月为保护期，保护期间绩效工资按出勤天数发放。
3. 对违规的认定，以另行下发的销售行为规范为依据。

三、提成

提成金额=当月完成业绩×提成比例，提成比例如表6-3所示。

表 6-3　当月业绩提成表

当月绩效（万元）	提成比例
200 及以上	2.20%
150—200（不含）	2.00%

续表

当月绩效（万元）	提成比例
80—150（不含）	1.80%
50—80（不含）	1.70%
30—50（不含）	1.50%
20—30（不含）	1.20%
10—20（不含）	1.00%
0—10（不含）	0.60%

四、录用

新员工定级不能超过T3（中级），当月15日（含）以前入职的，应在月底重新定级；当月15日以后入职的，次月月底重新定级。重新定级标准应根据当月业绩对应的等级。

五、试用期转正

试用期为3个月。在预期转正日的前3天，须对员工是否转正做出决定，并在转正日前跟员工沟通。转正标准如表6-4所示。

表6-4 员工转正标准表

类别	标准
按期转正	试用期内月均业绩达到业绩目标，给予按期转正
提前转正	试用期内提前完成了3个月的总和业绩目标，次月1日可提前转正
降级转正	试用期内月均业绩目标达成率低于70%，降至月均业绩对应等级转正
延期转正	试用期内月均业绩低于T1业绩目标，试用期延长一个月。到期后仍低于T1业绩目标，辞退
辞退	试用期内连续两个月无业绩，辞退；保护期间业绩达成率低于30%，辞退

六、转正后的晋升、降级

员工转正后以每自然季度为一个考核期，考核期结束时评定晋升、降级。如表6-5所示。

表 6-5　员工考核标准表

类别	标准
晋升	考核期月均业绩达到更高一级业绩目标，且赎回率月均低于40%，则晋升至该等级。资深销售员（T5）及以上等级的在职者，考核期业绩达成率达到100%，有资格申请组建团队
维持	考核期月均业绩达到业绩目标的70%—100%，级别维持不变
降级	考核期内月均业绩未达到业绩目标的70%，下调至月均业绩对应的等级
辞退	考核期内月均业绩未达到T1的业绩目标的70%，可以给予辞退处理。转正后当月业绩低于1万元，辞退

团队经理

一、薪酬

团队经理的分级，按表6-6设定。

表 6-6　团队经理分级表

级别	岗位	等级	一类城市			
			基本工资（元）	绩效工资基数（元）	业绩目标（万元）	人均业绩（万元）
S2	团队经理	TL5	8 800	3 800	450	50
		TL4	7 800	3 400	360	40
		TL3	6 700	2 900	270	30
		TL2	6 000	2 600	225	25
		TL1	5 300	2 300	180	20

二、绩效

绩效工资=绩效工资基数×绩效考核分数/100，绩效考核分数按表6-7打分。

表 6-7　团队经理绩效考核打分标准表

绩效考核指标	考核结果		权重
	实际结果	对应得分	
业绩目标达成率	业绩目标达成率<30%	0分	50%
	业绩目标达成率≥30%	业绩目标达成率×100分，100分封顶	

续表

绩效考核指标	考核结果		权重
	实际结果	对应得分	
团队赎回率①	70% 及以上	0 分	30%
	50%—70%（不含）	10 分	
	40%—50%（不含）	70 分	
	30%—40%（不含）	100 分	
	20%—30%（不含）	120 分	
	0%—20%（不含）	130 分	
开单率	开单率 < 40%	0 分	20%
	开单率 ≥ 40%	开单率 × 100 分	
合规（扣分项）	1. 轻微违规，扣 10—20 分。 2. 一般违规，扣 30—50 分。 3. 严重违规，当月绩效考核分清零		

说明：
开单率=当月业绩1万以上的开单人数/团队销售员总人数。

三、提成

提成金额=当月完成业绩×提成比例，提成比例如表6-8所示。

表6-8 团队经理提成比例表

当月业绩目标达成率	提成比例
200% 及以上	0.38%
100%—200%（不含）	0.28%
60%—100%（不含）	0.23%
40%—60%（不含）	0.18%
0%—40%（不含）	0.15%

四、录用

新员工定级不能超过TL3，当月15日（含）以前入职，当月月底重新定级，当月15日后入职，次月月底重新定级。重新定级标准应根据当月业绩对应的等级。

---

① 退货金额除以总金额。——编者注

五、试用期转正

试用期为3个月。转正标准如表6-9所示。

表6-9　团队经理转正标准表

类别	标准
按期转正	试用期内月均业绩达到业绩目标的80%，且首月业绩达到30%，次月业绩达到50%，第三月业绩达到70%，给予按期转正
提前转正	试用期内提前完成3个月的总和业绩目标，次月1日可提前转正
降级转正	试用期内月均业绩目标达成率＜70%，降至月均业绩对应等级转正，或解散团队
辞退	试用期内月均业绩低于TL1的业绩目标的50%，给予辞退或解散团队

六、转正后的晋升、降级

员工转正后以每自然季度为一个考核期，考核期结束时评定晋升、降级。标准如表6-10所示。

表6-10　员工晋升、降级标准表

类别	标准
晋升	考核期月人均业绩达到更高一级的人均业绩目标，且赎回率月均低于40%，则晋升至该等级
维持	月人均业绩达到目标的60%—100%，级别维持不变
降级	考核期内月人均业绩未达到人均业绩目标的60%，下调至月人均业绩对应的等级
辞退	考核期内月人均业绩低于TL1的人均业绩目标的60%，则予以辞退

七、筹建期

任职后团队人数少于4人的，自任职当月起，给予两个自然月的筹建期，筹建期期间本人提成按业绩目标达成率100%来计算。

区域经理

一、薪酬

区域经理的分级，按表6-11设定。

表 6-11　区域经理分级表

级别	岗位	等级	一类城市			
^	^	^	基本工资（元）	绩效工资基数（元）	业绩目标（万元）	人均业绩目标（万元）
S4	区域经理	DM5	17 100	7 400	2 250	50
^	^	DM4	15 000	6 500	1 800	40
^	^	DM3	12 600	5 400	1 350	30
^	^	DM2	11 400	4 900	1 125	25
^	^	DM1	10 000	4 300	900	20

二、绩效工资

绩效工资=绩效工资基数×绩效考核分数/100，绩效考核分数按表6-12打分。

表 6-12　区域经理绩效考核打分表

绩效考核指标	考核结果		权重
^	实际结果	对应得分	^
业绩目标达成率	业绩目标达成率＜30%	0 分	50%
^	业绩目标达成率≥30%	业绩目标达成率×100分，100分封顶	^
团队赎回率	70%及以上	0 分	30%
^	50%—70%（不含）	10 分	^
^	40%—50%（不含）	70 分	^
^	30%—40%（不含）	100 分	^
^	20%—30%（不含）	120 分	^
^	0%—20%（不含）	130 分	^
开单率	开单率＜40%	0 分	20%
^	开单率≥40%	开单率×100分	^
合规（扣分项）	1. 轻微违规，扣10—20分。 2. 一般违规，扣30—50分。 3. 严重违规，当月绩效考核分清零		

说明：
1. 开单率=当月业绩1万以上的开单人数/团队销售员总人数。（管理的团队人数不足45人的，按45人计算，超过45人的，按实际人数计算。实际人数取月初月底的平均值）
2. 赎回率=当月发生的赎回金额/当月总投金额。
3. 新员工入职当月为保护期，保护期期间绩效工资按出勤天数发放。

三、提成

提成金额=当月完成业绩×提成比例，提成比例如表6-13所示。

表6-13　区域经理提成比例表

当月业绩目标达成率	提成比例
150%及以上	0.24%
100%—150%（不含）	0.22%
80%—100%（不含）	0.17%
60%—80%（不含）	0.12%
50%—60%（不含）	0.10%
40%—50%（不含）	0.09%
0%—40%（不含）	0.07%

四、录用

新员工定级不能超过DM3，当月15日（含）以前入职，应在月底重新定级，当月15日以后入职，次月月底重新定级。重新定级标准应根据当月业绩对应的等级定级。

五、试用期转正

试用期为4个月。转正标准如表6-14所示。

表6-14　区域经理转正标准表

类别	标准
按期转正	试用期内月均业绩达到业绩目标的80%，给予按期转正
提前转正	试用期内提前完成三个月的总和业绩目标，次月1日可提前转正
降级转正	试用期内月均业绩目标达成率低于70%，降至月均业绩对应等级转正
辞退	试用期内月均业绩低于DM1的业绩目标的50%，予以辞退

六、转正后的晋升、降级

员工转正后每个自然季度为一个考核期，考核期结束时评定晋升、降级。如表6-15所示。

表6-15 区域经理晋升、降级考核表

类别	标准
晋升	考核期月人均业绩达到更高一级的人均业绩目标，且赎回率月均低于40%，则晋升至该等级
维持	月人均业绩达到目标的60%—100%，级别维持不变
降级	考核期内月人均业绩未达到人均业绩目标的60%，下调至月人均业绩对应的等级
辞退	考核期内月人均业绩低于DM1的人均业绩目标的60%，则予以辞退

七、筹建期

任职后，团队人数少于25人的，自任职当月起，给予3个自然月的筹建期，筹建期期间本人提成按业绩目标达成率100%来计算提成。

第七章

岗位测评要素大全

本书为大家提供了12套非常实用的岗位测评要素。如果你的公司要进行岗位测评，可以从中选择合适的一套，或者从不同的岗位测位要素里组合选择，无论如何总能满足你的要求。而具体岗位测评的做法，可参见本书相关章节。

每套测评要素都涉及其中各要素的权重和分数分配的问题。不过，要素的权重不是绝对的，而是根据企业实际情况酌情设定和调整的，没有绝对的标准，所以在第一套美世测评要素中，给出了各要素的权重和分数的示意图，其他各套要素就不再重复给出。

这12套岗位测评要素来自不同的咨询机构，但从权威性和适用性的角度来说，差别不大，在选择使用时，主要还是看具体的要素内容是否符合本企业的行业和岗位特征。

美世岗位测评要素

本套岗位测评要素明晰易用，具体包括表7-1所示的要素。

表 7-1　美世岗位测评要素

要素	权重	总分
学历	5%	50 分
经验	8%	80 分
体力劳动强度	3%	30 分
脑力劳动强度	4%	40 分
内部协调	3%	30 分
外部协调	4%	40 分
督导人数	4%	40 分
管理复杂程度	7%	70 分
创造性	12%	120 分
解决问题的复杂程度	14%	140 分
影响范围	23%	230 分
决策	13%	130 分
总计	100%	1 000 分

这些要素在其每个等级上的分数是多少，具体见下列要素描述的相应部分。

一、学历

学历指岗位所要求的最低学历标准，其等级划分如表7-2所示。

表7-2 学历等级划分表

等级	说明	分数
7	研究生（博士）	50分
6	研究生（硕士），具有专业的领域知识和技能	34分
5	本科，具有一定的专业领域技能和知识	23分
4	2—3年的大专，工作要求较高的技术和专业培训	15分
3	中专，工作要求一定的文化水平	10分
2	高中或职业中学，工作要求一般文化水平，经过短期的专业和技术培训	7分
1	初级教育水平，工作要求有基本文化水平，有书面使用完整句子沟通的能力	5分

二、经验

经验指需要最低的相关工作经验年限（知识、技能、技术等），其等级划分如表7-3所示。

表7-3 经验要素等级划分表

等级	说明	分数
7	需要本公司或其他公司相关职位12年以上的工作经验	80分
6	需要本公司或其他公司相关职位9（含）—12年的工作经验	55分
5	需要本公司或其他公司相关职位5（含）—9年的工作经验	37分
4	需要本公司或其他公司相关职位3（含）—5年的工作经验	25分
3	需要本公司或其他公司相关职位2（含）—3年的工作经验	17分
2	需要本公司或其他公司相关职位1（含）—2年的工作经验	12分
1	进入公司后一年内即可积累到所需的工作经验	8分

三、体力劳动强度

体力劳动强度要素划分如表7-4所示。

表 7-4 体力劳动强度要素等级划分表

等级	说明	分数
6	高强度体力消耗，每天重体力劳动 4 小时以上	30 分
5	强体力消耗，每天需要重体力劳动 2—4 小时	19 分
4	中度体力消耗，每天站着、走动 5 小时以上或需要重体力劳动 1—2 小时	12 分
3	轻度体力消耗，每天站着、走动 2—5 小时或者操作机器 1—2 小时	8 分
2	仅需一般的体力消耗，偶尔操作机器	5 分
1	轻体力劳动	3 分

四、脑力劳动强度

脑力劳动强度要素等级划分如表7-5所示。

表 7-5 脑力劳动强度要素等级划分表

等级	说明	分数
4	大部分时间以脑力劳动为主，且强度很高，需要注意力高度集中，如方案课题攻关、编写论证报告等	40 分
3	从事较高强度脑力劳动，如撰写文章、讲稿、设计、总结、分析等	19 分
2	从事较简单的脑力劳动，进行简单的数学运算、统计、汇总等	9 分
1	从事很简单的脑力劳动	4 分

五、内部协调

内部协调要素等级划分如表7-6所示。

表 7-6 内部协调要素等级划分表

等级	说明	分数
6	与各部门负责人有密切的工作联系，在工作中需要随时保持联系和沟通，协调不力对本公司有重大影响	30 分
5	工作对本公司大部分一般员工有影响，与部分部门负责人有工作协调的必要，协调不力对本公司有较大的影响	19 分
4	与本部门和其他部门有密切的工作联系，协调不力对本公司有较小影响	12 分
3	与本部门员工进行工作协调，偶尔与其他部门进行一些协调，或频繁与其他部门有密切的工作联系，协调不力对本公司很少有影响	8 分
2	不需要与外部门协调，经常与本部门一般员工协调	5 分
1	不需要与外部门协调，偶尔与本部门一般员工协调	3 分

六、外部协调

外部协调要素等级划分如表7-7所示。

表7-7 外部协调要素等级划分表

等级	说明	分数
4	需要与外部单位负责人保持密切联系，往往涉及重大问题或影响决策，对公司整体利益有重大影响	40分
3	需要与外界发生特定联系，联系的结果对公司的整体利益有较大影响	19分
2	需要与外界保持日常性、常规性联系，联系的结果对公司的整体利益有一定的影响	9分
1	较少与外界保持密切联系	4分

七、督导人数

督导人数指该岗位直接管理和间接管理的人数。注意，有行政管理关系的，才能算入直接或间接管理的人数。督导人数要素等级划分如表7-8所示。

表7-8 督导人数要素等级划分表

等级	说明	分数
8	300人以上	40分
7	101—300人	29分
6	51—100人	21分
5	26—50人	15分
4	11—25人	11分
3	5—10人	8分
2	1—4人	6分
1	0人	4分

八、管理复杂度

管理复杂度要素等级得分如表7-9所示。

表 7-9　管理复杂度要素等级划分表

等级	说明	分数
6	负责总体各部门管理	70 分
5	下属中含有专业经理	44 分
4	通过下属管理更下一级岗位	28 分
3	直接管理下属	18 分
2	对别人负有工作部署、任务分配、保持工作进程、提供培训和指导，通常从事与受督导者相似的工作	11 分
1	负责本职位的工作。仅在偶尔情况下需要指导和督导别人	7 分

九、创造性

创造性要素等级划分如表7-10所示。

表 7-10　创造性要素等级划分表

等级	说明	分数
7	在科学和技术上的新发明	120 分
6	在市场和行业内前所未有的经验情况下，有明确发明性的创新	82 分
5	在企业内前所未有的经验的情况下，创立新的、复杂而广泛的方法和技术	56 分
4	基于企业内部的经验，创造新的技巧和方法	38 分
3	基于部门内部的经验，改进和发展现有的方法和技术	26 分
2	基于现行办法，做一般性改进（在工作范围内，更新工具、技巧和方法）	18 分
1	无须创造和改进，一切已有明确规定	12 分

十、解决问题的复杂度

解决问题的复杂度要素等级划分如表7-11所示。

表 7-11　解决问题的复杂度要素等级划分表

等级	说明	分数
7	必须先确定问题，需要花很多时间解决复杂广泛的问题，问题的解决基本无章可循，需要设计方法论来解决此类问题	140 分
6	必须先确定问题，问题多而非常复杂，需要面对众多不确定的因素和信息，使用特定的方法论设计分析方法	95 分
5	必须先确定问题，问题复杂，需要设计分析方法和细致的信息调查	65 分

续表

等级	说明	分数
4	必须先确定问题,需要改进分析方法,并进行特定的信息调查	44 分
3	通常问题已确定,有些难度,需要对分析方法做一定的修正和改进	30 分
2	问题已确定,按照既定的方法进行分析	21 分
1	问题已被清楚确定,常规性质,在明确指示下的例行公事	14 分

十一、影响范围

影响范围体现了该职位对公司最终业绩成果取得的影响。影响范围要素等级划分如表7-12所示。

表 7-12 影响范围要素等级划分表

等级	要素等级	分数
9	对企业业绩有举足轻重的影响(作为企业主要领导,其工作通过宏观管理和广阔的方针制定,对多个功能实施监督和指导,对公司的总体业绩和总体业务发展有重大的影响)	230 分
8	对企业业绩有重大影响(作为企业一般领导,其负责的一些功能组或部门对企业的业绩有重要影响,制定功能领域内具体的方针、政策和战略,对公司业务发展方向有直接的影响)	172 分
7	对企业业绩有相当影响(在职者负责的功能组或部门对企业的业绩有明显、基本、主要性的影响;在职者为该领域内的专家)	129 分
6	对企业业绩有一定影响(在职者负责一个功能组或部门,其负责的工作活动或功能组/业务对企业业绩有一些影响)	97 分
5	对部门业绩有相当影响(在职者协调、控制或发展工作活动而对部门工作活动有相当影响;对部门/功能有明显、基本、主要性的影响;在职者为本业务功能范围内的专业人员,其工作结果对公司业绩有间接的影响)	73 分
4	对部门业绩直接影响(在职者提供建议、劝告或负责一些对部门工作业绩有些影响的活动;在职者执行专业性的工作而对部门有直接影响的活动)	55 分
3	对部门业绩影响有限(在职者执行或检查明确范围内的工作,其活动受上级控制,主要负责某项具体工作,非为工作细节所控制)	41 分
2	对部门业绩影响微小(在职者执行或检查由上级时刻督导的工作,主要从事协调或操作性质的工作)	31 分
1	对团队/小组业绩有影响,主要从事操作性质的工作	23 分

十二、决策程度

决策程度指在工作中所做出的决策的重要性和复杂程度，同时也包括在决策执行中可能产生的失误带来的影响程度。决策程度要素等级划分如表7-13所示。

表 7-13　决策程度要素等级划分表

等级	说明	分数
7	确定公司的总体战略发展方向（失误对公司有重大影响）	130分
6	依据公司业务发展方向，建立规章制度等重大事件做出决策（失误对公司有影响）	89分
5	对部门层面的管理具有良好的判断能力，依据公司规章制度对复杂的事件做出决定（失误对多个部门有影响）	60分
4	依据公司规章制度做出较复杂的决定（失误对部门/多个团队的人员和业务有影响）	41分
3	在公司制度框架内对专业领域做出决定（失误对团队/小组人员有一些影响）	28分
2	在公司制度框架内对操作性事务独立做出决定（失误对个别员工或少量业务会有影响）	19分
1	按规定和程序办事	13分

海氏岗位测评要素

一、专业知识

专业知识要素等级划分如表7-14所示。

表 7-14　专业知识要素等级划分表

等级	说明	举例
8. 权威专门技术	在综合技术领域成为公认的专家	公认的专家
7. 精通专门技术	精通理论、原则和综合技术	专家（工程、法律等方面）、首席执行官、总经理、副总经理、高级副总裁
6. 熟悉专门技术	通过对某一领域的深入实践而具备相关知识背景，或者/并且掌握了科学理论	人力资源经理、总监、综合部门经理、专业人士（工程、法律等方面）
5. 基本专业技术	对涉及不同活动的实践相关技术有相当的理解，或者对科学的理论和原则基本理解	会计、劳资关系专员、工程师、人力资源顾问、中层经理
4. 高等业务	能应用较为复杂的流程和系统，此系统需要应用一些技术知识（非理论性的）	调度员、行政助理、拟稿人、维修领班、资深贸易员

续表

等级	说明	举例
3．中等业务	对一些基本的方法和工艺熟练，应具有使用专业设备的能力	人力资源助理、秘书、客户服务员、电气技师
2．初步业务	能同时操作多种简单的设备以完成一个工作流程	接待员、打字员、订单收订员
1．基本的	熟悉简单工作程序	复印机操作员

二、管理技能

管理技能要素等级划分如表7-15所示。

表7-15　管理技能要素等级划分表

等级	说明	举例
5．全面的	对组织进行全面管理	大型组织的负责人
4．广博的	决定一个主要部门的方向，或对组织的规划、运作有战略性影响	助理副总经理、副总经理、事业部经理
3．多样的	决定一个大部门的方向，或对组织的表现有决定性影响	经理
2．相关的	决定部门各种活动的方向，活动涉及几个部门的协调等	主任、主管
1．起码的	仅关注活动的内容和目的，而不关心对其他活动的影响	会计、分析员、一线督导者、业务员

三、人际技能

人际技能要素等级划分如表7-16所示。

表7-16　人际技能要素等级划分表

等级	说明	举例
3．关键的	需要高级的沟通能力，需要谈判技巧，需要能激励他人	团队督导、经理、领导者
2．重要的	理解和影响人。理解他人的观点，有说服力，以影响他人行为和改变观点或改变处境	协调员
1．基本的	需要基本的人际沟通技巧，即在组织内与其他员工进行礼貌和有效的沟通，以获取信息和解惑	会计、调度员

四、解决问题的能力

解决问题的能力有两个子因素。一个是思维环境，即思维是否可从他人或过去的案例中获得指导。另一个是思维难度，即思维的复杂程度。

思维环境的等级划分如表7-17所示。

表7-17　思维环境等级划分表

等级	说明
8．抽象规定的	依据商业原则、自然法则和政府法规进行思考
7．一般规定的	为达成组织目标，在概念、原则和一般规定的原则下思考，有很多模糊、抽象的概念
6．广泛规定的	对职能目标有广泛规定的框架，在某些方面有些模糊、抽象
5．明确规定的	对特定目标有明确规定的框架
4．标准化的	有清晰但较为复杂的流程，有较大的先例可参考，可获得协助
3．半常规性的	有较明确定义的复杂流程，有很多的先例可参考，并可获得适当的协助
2．常规性的	有非常详细的标准规定，并可立即获得协助
1．高度常规性的	有非常详细和精确的法规和规定作为指导，并可获得不断的协助

思维难度的等级划分如表7-18所示。

表7-18　思维难度等级划分表

等级	说明
5．无先例的	新奇的或不断重复的情形，要求创造新理念和富有创意的解决方案
4．适应性的	变化的情形，要求分析、理解、评估和构建方案
3．中间型的	不同的情形，需要在熟悉的领域内寻找方案
2．模式化的	相似的情形，仅需要对熟悉的事情进行鉴别性选择
1．重复性的	特定的情形，仅需要对熟悉的事情做简单的选择

五、承担的职务责任

承担的职务责任有两个子因素，即行动的自由度和影响的范围。

行动的自由度的等级划分如表7-19所示。

表 7-19　行动的自由度等级划分表

等级	说明	举例
9. 一般性无指导的	除了有组织政策的指导，法律和社会限制，组织的委托，还受一些特定行业法规的限制	总经理、首席执行官
8. 战略性指导的	有组织政策的指导，法律和社会限制，组织的委托	关键执行人员、某些副总经理
7. 广泛性指导的	就本质和规模，此职位有粗放的功能性政策和目标，以及宽泛的政策	某些执行经理、某些助理副总经理、某些副总经理
6. 方向性指导的	此职位有相关的功能性政策，需要决定其活动范围和管理方向	某些部门经理、某些总监、某些高级顾问
5. 有指导的	此职位全部或部分有先例可依或有明确规定的政策，也可获督导	大多专业职位、部分经理、部分主管
4. 一般性规范的	此职位全部或部分有标准的规程、一般工作指示和督导	秘书、生产线工人、大多数一线文员
3. 标准化的	此职位有工作规定并已建立了工作程序并受到严密的督导	贸易助理、木工
2. 受控制的	此职位有直接和详细的工作指示或严密的督导	普通维修工、一般文员
1. 有规定的	此职位有明确工作规程或者有固定的人督导	体力劳动者、工厂工人

影响的性质的等级划分如表7-20所示。

表 7-20　影响的性质的等级划分表

等级	说明	举例
4. 主要	此职位直接影响和控制结果	督导、经理、总监、副总裁
3. 分摊	此职位对结果有明显的作用	介于辅助和主要之间的岗位
2. 辅助	这些职位由于向其他职位提供重要的支持服务而对结果有影响	工序操作员、秘书、工程师、会计、人力资源经理
1. 后勤	这些职位由于向其他职位提供服务或信息对职务后果形成作用	某些文员、数据录入员、后勤员工、内部审计、门卫

翰威特咨询公司岗位测评要素

一、知识和技能

知识和技能的等级划分如表7-21所示。

表7-21　知识和技能等级划分表

等级	说明	分数
G	多元化的专业知识：全面了解多个学科并整合多个专业领域内的关键信息；要求具备有关公司各个主要部门的广泛的理论与实践知识	200分
F	先进领域的广博知识：广泛而深入理解若干相关专业领域或学科的理论与方案。能领悟并整合多个学科中的关键信息，并在多个主要专业领域内进行运用	136分
E	精通专业领域：要求深入了解某项公认的技术专长或某个专业领域内的深层理论和现有操作方法。能运用先进的知识与经验来创新方法、方案与规程，其中包括全面理解与该知识运用相关的一个以上主要专业领域中的实际问题	93分
D	专门知识理论与实践相结合：具备相当程度的专业知识，有特定的学历背景要求。可通过技术数据编写报告并进行诠释。熟知所在领域的理论及标准的运作方案。可协助制定新方法与新规程，其中包括运作与多个专业领域相关的知识来解决实际问题	63分
C	精深知识或专长领域：在某一特定或技术行政职能领域内具有广泛的知识，包括对于相关政策与规程的了解。可遵照这些指导原则制定行动计划。可能需要使用精密设备并接受全面的调试与操作培训。能分析并诠释复杂信息，并可修改现有惯例、规程或方法	43分
B	宽泛的行政或技术技能：能通过完成多既定的、多步骤的规程来收集、组织、核对、整理或分析数据。这一过程要求某个特定领域内广泛而细致的知识。可能需要操作更加复杂的设备，包括使用通用的电脑软件，以便遵照既定标准提供产品与服务	29分
A	基本技能：遵照简单的书面或口头指导，了解各种既定工作规程。能够阅读各种参考材料、提取信息并进行基本运算。可能需要掌握电脑输入或操作标准型号的机器，包括检验、记录及张贴信息的技能	20分

二、影响/责任

影响/责任的等级划分如表7-22所示。

表 7-22　影响/责任的等级划分表

等级	说明	分数
G	对某个重大跨经营单位功能部门承担主要责任，直接控制重要资源：可对公司目标产生关键影响	200 分
F	影响重大且广泛：积极参与制定可对多个部门产生一定影响的短期、长期决策。全权负责调配具体行动计划中的大量资源	136 分
E	对经营单位的运作施加重大影响，但不具备决策控制权：可在既定权限内审批费用，或在权限范围内调配资源以提供服务，提出的各种意见或建议总被采纳	93 分
D	对多个部门施以至关重要的影响：可以对部门（一级部门）施加总体影响。作为企业内部的咨询顾问，定期提供建议而影响决策制定过程，很少或不具备资源（财务或人员）调配权，但可进行分析并提供建议	63 分
C	对所在工作单元的绩效施加重大影响：日常工作可以影响到其他工作领域的活动。所担负的连带责任主要为间接责任，但可通过那些仅影响本工作单元的活动进行分担。可为工作单元以外的决策制定过程提供相关信息	43 分
B	对工作单元产生可察觉的影响：通常只对本工作单元（内设部门）施加影响。可对单元内或部门中与其直接相关的活动施加暂时性影响。其影响实质上是间接、辅助性的	29 分
A	影响极其有限：仅对本职位的直接工作领域施加显著影响。其影响实质上是间接、辅助性的。不存在任职者职权范围以外的任何责任	20 分

三、解决问题/制定决策

解决问题/制定决策的等级划分如表7-23所示。

表 7-23　解决问题/制定决策的等级划分表

等级	说明	分数
G	负责解决全公司的关键且负责的问题；思考并解决重大问题。通常评估全公司的长期计划或方案，行动计划仅受笼统的公司政策限制，决策可影响到公司的整体方向与形象	200 分
F	职责重大，解决重大问题。制定目标并评估全公司的计划与方案。为主要部门或经营单位制定短期目标，参与制定长期目标。根据有限的信息制订解决方案或行动计划，需要与同事或上级领导进行商讨	136 分
E	职责全面，工作任务复杂：为主要部门或经营单位的计划制定相应目标。评审现有计划与方案。需要加以判断来认清和分析问题。一般需要向同事或上级咨询	93 分
D	仅有有限先例可供参考：通过分析来解决问题。仅凭笼统政策作为指导原则，需要进行判断，并运用现有的理念来制订各种行动计划	63 分

续表

等级	说明	分数
C	任务类型多种多样：通过参照相关政策或向同事、主管进行咨询来制定决策或解决问题。可修改标准规则，以适应新的或已经变化的形势。通常可根据过去的先例来制定解决方案	43分
B	工作任务实质为例行程序：通过评估多个既有的备选方案来解决相关问题，且可通过规程或同事或主管得到支持	29分
A	工作任务完全限定：工作的内容固定，通常已有详细规程与技术支持，需要遵照一份既定的工作计划，且已存在明确的备选方案	20分

四、行动自由

行动自由的等级划分如表7-24所示。

表7-24 行动自由的等级划分表

等级	说明	得分
G	全面控制公司各部门：组织跨经营单位的方案。设计并诠释政策。协助制定组织整体政策与发展方向	200分
F	协调两个或多个主要部门的运作：跨经营单位的职能领域，整个各部门目标。为有效地实现该目标，与其他职能领域相互影响。组织方案、制定政策，在公司层面上促进组织策略的制定	136分
E	指导主要部门的工作：作为部门（一级单位）经理确定标准，以确保遵照既定政策。协调相关活动，其中包括预算管理工作。 极其独立工作：项目或方案对整体政策及公司整体目标的实现产生深远影响	93分
D	监管他人：领导某个工作单元的工作。全面负责绩效与人事行动方案。 独立工作：对实现部门/公司重要目标而言至关重要的项目或计划，主持该项目或遵照一般指导原则制定相应方案	63分
C	受到有限的指导与监管：自行安排工作日程来实现既定目标。工作进程与绩效不定期地接受监管。在标准方案的允许范围内可自由选择方法。可提变革建议。可担当"指导"角色	43分
B	接受日常监督：受到主管人员或既定规定的定期监督。在满足大致认定的日程要求的前提下具有一切的回旋余地。偶尔可为他人提供指导，但无监管职责	29分
A	处于紧密监督下：有主管人员通过明确的规程对其他工作进程进行定期监管。根据既定日程来确定工作程序；负责自身的职责，偶尔有变通，工作结果常有他人审核	20分

五、沟通技能

沟通技能的等级划分如表7-25所示。

表 7-25　沟通技能等级划分表

等级	说明	分数
G	影响关键决策：涉及重大承诺在内的实践。被授权通过互让实现整体目标	200 分
F	技能高超：促使冲突各方达成共识。运用精深的斡旋手段解决争端。需要相当的游说与谈判技能	136 分
E	针对复杂事件为他人提供建议：经常性的提出行动计划方案，需要进行相当的诠释，并向众多人员进行公开演讲介绍。运用考虑周详的技巧来实现沟通一定程度的劝服	93 分
D	信息复制或具争议性：需要技术技能进行非常规信息的交流。可向那些具备初级知识的对象进行演讲介绍。通常进行电话或书面联络。需要谨慎斟酌，以维持良好合作关系	63 分
C	诠释信息：能答复详细的质询信息。沟通对象不一定了解该话题的相关领域。需要运用一定的技巧	43 分
B	传达基本事实：以标准形式传达详细的日常信息。沟通对象已了解沟通主题	29 分
A	基本的口头与书面技能：需要具备一般性礼节，即最低限度的人际交流	20 分

六、工作环境

工作环境的等级划分如表7-26所示。

表 7-26　工作环境的等级划分表

等级	说明	分数
	安全性	
E	高度危害或终身伤害：暴露于诸如电击、爆破、辐射或高空下坠等高危环境，针对日常操作设有特殊的防护措施	100 分
D	频繁暴露于有害环境且造成严重伤害：所受伤害需要专业治疗或住院治疗，需要经常性的防护措施，即全天候的面罩、安全眼镜及/或听觉防护	56 分
C	中等程度的健康危险：所受伤害需专业治疗，然而通常并不造成大量工作时间的损失，需要特定防护，即防护服、安全眼镜等，可包括高温工作环境	32 分
B	最低限度地暴露于有害环境：存在某些刺激物，由该职位特性决定的固有危害，即高分贝噪声、照明不足、强光照射、工作环境污秽、受尘埃、烟雾等影响（不考虑临时可调控的情况）	18 分
A	无危害环境：对员工健康不存在特别的危害，无须特殊保护	10 分

续表

等级	说明	分数
稳定性		
D	同时应对多项重要任务的最后期限；最后期限由外部施加；时限的确定与更改往往临时紧急通知，工作重点不断转变，要求密切关注大量干扰；可包括频繁而辛劳的差旅及/或未曾预见的加班；日常工作压力突出	100分
C	工作重点频繁发生变化；最后期限由外部施加，即个人无法控制时限的设定与修改；干扰可影响工作的轻重缓急；难以预计今后几天内的工作性质或工作量；差旅或加班通常仍可预见；而符合最后期限要求并协调无关活动对该职位而言至关重要	46分
B	变化可预见：面对例行工作期限；通常具备足够的间隔时间；工作量会出现季节性和可预见的变化；虽存在某些干扰，仍可预见工作重点；差旅或加班会得到提前通知；可能定期出现棘手或尴尬的外泄意外事件	22分
A	相当稳定：日程、工作量或工作重点很少发生变化；除日常工作外，无外加最后期限，能够预计新工作任务；面对最低限度的干扰或不可控的间断；极少面临时间要求方面的冲突	10分

A公司岗位测评要素

一、影响

影响的等级划分如表7-27所示。

表7-27　影响的等级划分表

等级	特点	标准	说明
5	远见性	领导一个组织发展和实现它的使命和价值	影响重大且范围广，直接控制重要资源，可对实现公司目标产生关键影响。 在大型组织内，管理幅度表现在运用知识和技能整合组织中的所有要素，去达成组织的目标，通常是指组织的首席执行官
4	战略性/策略性	根据组织的远见，建立和实施着眼于长远的经营策略	对多个部门形成至关重要的影响；可以对部门（一级部门）施加总体影响。作为企业内部的咨询顾问，定期提供建议而影响决策制定过程，很少或不具备资源（财政或人员）调配权，但可进行分析并提供建议。 对经营单位的运作施加重大影响，可在既定权限内审批费用，或在权限范围内调配资源以提供服务。所提出的各种意见与建议总被采纳。 管理几个职能板块，整合有着同样职能目标的工作活动，并且协调与外部其他职能领域的合作

续表

等级	特点	标准	说明
3	战术性	根据组织策略，明确新产品、工艺和标准或制订运作计划	对所在工作单元的绩效产生重大影响：日常工作可以影响到其他工作领域的活动，所担负的连带责任主要为间接责任，但可通过那些仅影响本工作单元的活动进行分担。可为工作单位以外的决策制定过程提供相关信息，包括以下两类职位： 独立贡献者：需要掌握和利用管理程序的，在如何管理方面向管理者提供咨询和服务。他们的作用类似于咨询顾问，需要运用工作技能理论知识，而非直接的、操作性的管理技能，他们需要推动建议的执行 管理者：掌握下属工作的经理（他们的工作不需要每天的监督），包括分派任务、制定工作日程、指导等。需要关注长期的工作
2	操作性	在操作目标和服务标准范围内工作	对本工作单元（内部部门、班组）施加影响，可对单元内与其直接相关的活动施加暂时性影响。存在有限的连带责任。包括下面两类职位： 独立贡献者：明确指定去完成复杂任务。不需要管理技巧。例如会计、工程师、金融。需要知道其工作与同一领域其他工作的相关性 直接监督人员：指在工作中通过直接的个人的干涉获得最终结果，他们关注分派工作，安排工作时间，监督工作流程，从时间、成本、质量方面评价工作结果，不同于管理者
1	交付性	根据特定的标准和说明交付	影响极其有限，仅对本职位的工作施加影响。不存在本岗位以外的任何责任。这类工作独立于工作流之外。例如，档案管理员的工作独立于其他工作活动。还有一些工作可能是工作流的一部分但是工作执行人不需要了解自己的工作与工作流中下一环节的接口，例如，结构件组装、拆邮件等

二、贡献等级

贡献是指对整个组织的贡献等级。贡献的等级划分如表7-28所示。

表 7-28 贡献的等级划分表

等级	定义	定义说明
5	主要	对于主要结果的取得起着决定性作用
4	重要	第一线或根本的、权威性的显著贡献
3	直接	指引行动路线，导致结果的取得
2	部分	容易辨别的贡献，通常对结果的取得有间接影响
1	有限	难于辨别对完成具体结果的贡献

123

三、沟通

沟通的等级划分如表7-29所示。

表7-29 沟通的等级划分表

等级	定义	标准	说明
5	策略性商议	控制非常重要的沟通，且在一个整个的构架内具有长期意味	影响关键决策：这是最高层次的沟通技能，经常需要与其他不同层次的人员（包括组织内部与组织外部）沟通的职位需要这方面的技能。需要知晓影响和导致行为改变的因素
4	商议/谈判	通过探讨和妥协控制沟通，达成协议	针对复杂事件为他人提供建议：经常性地提出行动计划方案，需要进行相当的诠释，并向众多人员进行公开的演讲介绍。运用考虑周详的技巧来实现沟通及一定程度的劝服。促使冲突各方达成共识，运用精深的斡旋手段解决争端，需要相当的游说与谈判技能
3	影响	非直接行使指令，而引起变化	信息复杂或具有争议性：需要技术或技巧进行非常规信息的交流。可向那些只具备初级知识的对象进行讲演介绍。需要谨慎斟酌，以维持良好合作关系。具备说服坚持己见者的技能，对其他人的观点有敏锐性，通常需要影响行为，改变观点或者扭转局势。但是环境不是连续的，也一般不被其他人理解和接受。长期的修正行为不属于这一范畴
2	接收和交流	通过灵活和折中的办法达成一致	诠释信息：能答复详细的质询信息。沟通对象不一定了解该话题的相关领域。需要运用一定的技巧。多数是独立贡献者运用这一层次的沟通。主要包括与其他成员或监督者进行礼貌性有效沟通、请求、传达信息、询问、澄清事实、应答等
1	传达	通过表达、建议来沟通	基本的口头与书面技能：需要具备一般性礼节，即最低限度的人际交流。 传达基本事实：以标准形式传达详细的日常信息。沟通对象已了解沟通主题

四、创新层次

创新层次的等级划分如表7-30所示。

表7-30 创新层次的等级划分表

等级	创新定义	特点	说明
6	科学的/技术的突破	主要革新	抽象规定的：依据商业原则、自然法则和政府法规进行思考

续表

等级	创新定义	特点	说明
5	创造/概念化	新技术、方法的改革	一般规定的，需要进行风险性决策解决：思考在一个主要的职能领域内为了达到组织的最终目标，确定工作活动；需要通过较为艰巨的研究和探索，在解决重大实际问题中，做出有价值的判断的重大的创新
4	改进	重大改进	广泛规定的，需要进行预测判断解决：对工作目标有广泛规定的框架，但是有些方面有些模糊、抽象；要通过全盘分析和思考，在涉及大量复杂概念和相关因素的重新组合与协调工作中，做出正确的判断和较大的创新，例如，发挥组织人力资源的有效性，在组织政策框架内开展工作，需要制订计划，确定优先权，并且规定流程来达到最终的目标
3	修改	日常修改	标准化的，需要寻找新的解决方法：这类职位需要思考是否需要建立新的流程，与当前的政策与现存的原则保持一致，为了得到最终的结果；工作内容非常明确；但是工作方法需要靠任职者判断 要通过深入调研和思考，在涉及复杂概念的工作分析中，做出有效的判断和必要的创新，即在现有政策规定之外寻找更加合理的解决方法
2	核查	极小变化	常规性的，按照政策规定解决：有较明确定义的复杂流程，有很多先例可参考；可获得适当的协助；要根据有关环境条件的要求和限制进行简单判断；确定工作步骤和过程
1	跟从	没有变化	高度常规性的：有非常详细和精确地法规和规定，或严格的监控。按程序制度解决。不需要或较少需要判断，发生意外务必请示

五、创新的复杂性

创新的复杂性涉及创新的难易程度。创新的复杂性的等级划分如表7-31所示。

表7-31 创新的复杂性的等级划分表

难易程度	复杂性	定义	定义说明
4	多维的	涉及所有方面；需要考虑所有业务方面来得出满意的解决方案	无先例的：新奇的或不重复的情形，要求创造新理念和富有创意的解决方案 负责解决全公司关键且复杂的问题；思考并解决重大问题，评估全公司的长期计划或方案，行动计划仅受笼统的公司政策限制 决策可影响到公司的整体方向

续表

难易程度	复杂性	定义	定义说明
3	复杂的	涉及三个方面的任意两个	适应性的：变化的情形要求分析、理解、评估和构建方案；所面临的需要解决的环境、事实、冲突问题和以前面临的情况有差距，在做出最终决定之前，必须考虑到各种可能发生的变化 职责全面、工作任务复杂：为主要部门或经营单位的计划确定相应的目标。评审现有计划与方案。需要加以判断来认清并分析问题，通常需要根据有限的信息制定解决方案；一般需要咨询同事或上级领导 职责重大：解决重大问题；制定目标并评估全公司的计划与方案；为主要部门或经营单位制定短期目标，参与制定长期目标；根据有限的信息确定解决方案或制订行动计划，需要与同事或上级领导商讨
2	困难的	可能是运作方面、财务方面或人力方面之一； 需要调查分析； 不容易了解	中间型的，任务类型多种多样：不同的情形，需要在熟悉的领域寻找方案，通过参照相关政策或向同事和主管进行咨询来制定决策或解决问题；选择各种行动方案时需加以判断；可修改标准规则，以期适应新的或业已发生了变化的形势；通常可根据过去的先例来制定解决方案 仅有有限先例可供参考：需要通过分析事实和一般规则来解决问题，仅将笼统政策作为指导原则。需要进行判断并运用现有的理念来制订各种行动计划
1	明确的	可能是运作方面、财务方面或人力方面之一； 不要求调查分析	重复性的，工作任务完全限定：工作内容固定，通常已有详细规程与技术支持，需要遵照既定的行动计划；也存在明确的备选方案，特定的情形需要对熟悉的事情做简单选择；直接运用技能、方法完成工作，几乎不需要练习判断，思维难度包括迅速反应，在简单、稳定、重复性较强的工作环境中工作 模式化的，工作任务实质为例行程序：相似的情形仅需要对熟悉的事情进行鉴别性选择；通过评估众多既定的备选方案来解决相关的问题；可通过规程或同事与主管得到必要的支持 这类工作面临多种选择的环境，但是一般有先例可参考，能够做出最适合的选择

六、知识

知识的等级划分如表7-32所示。

表7-32　知识的等级划分表

等级	定义	要求	定义说明	示例
5	专业标准	广泛的技术知识，需要一个专业领域的知识	对涉及不同活动的实践所相关技术有相当的理解，或对科学的理论和原则基本理解	如人力资源顾问

续表

等级	定义	要求	定义说明	示例
4	专业人才	专门的技能或知识、代表着掌握一项特别的课题	能应用较为复杂的流程和系统,此系统需要应用一些技术知识(非理论性的)	生产调度员熟悉工作流程与规定,具备相关的产品业务知识
3	广泛的工作知识	广泛的技术知识	熟练掌握一些基本的方法和工艺,需要具备使用专业设备的能力	家电服务人员提供维修、安装服务
2	基本的工作知识	基础性技术知识	能同时操作多种简单的设备以完成一个工作流程	打字员使用电脑、打印机,熟练使用办公软件
1	有限的工作知识	技术知识限制在狭窄的范围	熟悉简单的工作程序	操作复印机

B公司岗位测评要素

表7-33是B公司的岗位测评要素。

表7-33　B公司岗位测评要素

评分要素	具体指标	指标定义	分数
知识能力（30分）	知识要求（18分）	高中以上或相当水平的文化程度或有本岗多年工作经验,能运用一些简单的技术或专门知识	6分
		中专以上或相当水平的文化程度;经过本职位专业培训达到上岗要求的人员	12分
		大专以上或相当水平的文化程度;在企业重要职位有4—5年工作经验	18分
	管理职能与范围（12分）	工作中接受直接而详尽的指导,需要很少或不需要判断,很少或没有机会做出抉择	4分
		工作中接受标准化的程序或一般工作指示和指导,需要某种分析和判断,或对适合方法的选择做出抉择和采取相应的行动	8分
		负责制订计划和安排工作,必须有创造性,需要分析,以及相应的设想和相当程度的判断。对各种非标准化、非例行任务或工作做出抉择或决定	12分

续表

评分要素	具体指标	指标定义
责任 （50分）	管理经营效益责任 （16分）	为公司正常经营管理提供配套服务及后勤保障
		承担公司的一般经营效益指标，或在公司经营管理活动中起保障作用
		承担经营管理中的成本、消耗、供应等主要经营管理指标中的1—2项
		承担经营管理中的成本、消耗、供应等主要经营管理指标中的多项
	管理责任 （14分）	按照规定程序、定额指标、工作计划进行生产管理，工作制涉及本职位范围
		负责制定本部门工作程序、定额指标、制订工作计划，工作涉及本部门
		辅助制订整个公司管理计划、制定定额指标，涉及多个部门的工作协调
		负责制订整个公司管理计划，制定定额指标，组织全公司的生产管理活动
	企业发展创新责任 （12分）	工作较少涉及公司技术革新、技术改造，公司管理体制改革等项活动，仅执行具体计划和任务
		进行一般性技术革新、技术改造工作或在公司重大改革中从事调查研究设计，或参与制定改革方案等项工作
		负责组织公司重大技术改造活动，提出管理体制改革方案并负责组织实施
	企业文化建设责任 （8分）	只对自身政治思想文化、技术业务素质提高负有责任，对他人不负有指导、监督责任，需要接受他人检查、指导
		在加强自身政治思想文化的同时，对下属负有指导、监督责任，工作要求以身则，同时接受有关部门检查、指导
		对企业政治思想文化业务素质，文体活动和职工福利等方面负有直接责任，检查、指导以上方面工作，接受上级主管部门检查
		整体指导、规划、决策企业文化建设，负有全局性责任
强度 （15分）	工作复杂程度 （6分）	简单重复或有一定模式的问题，靠选择已有的知识和经验可以解决
		对于不断变化的问题或事态，要求在已掌握的知识领域和过去经验中进行分析思考来研究解决
		对于突发性的、初次发生的或影响全局的重大问题，要求不断掌握新知识和具有丰富经验，进行分析研究，解决问题

续表

评分要素	具体指标	指标定义
强度 （15分）	工作紧张 程度 （4分）	执行具体、简单、重复的日常工作，在一般工作效力下即可完成本职工作，工作弹性大，每班次工时利用率为70%
		工作项目和内因多，时间进度要求严格，需要不断保持注意力集中，工作弹性较小；每班次工时利用率在70%以上
		满负荷工作，需要高度集中注意力，在高效率工作下才能完成本职工作，经常加班
	精神、体力 疲劳度 （5分）	照章办事，无创造性劳动，很少有心理压力，可随意坐、立、走动
		根据原始记录和信息反馈进行信息处理劳动，间断性工作，但有时间要求，有较小的心理压力，以坐姿为主，偶尔走动
		要求信息处理劳动，进行一些思维性劳动，间断性工作，有一定的周期要求和心理负担，不要求超出正常的身体承受能力范围，以坐姿为主
		要求适当的开拓性，需要综合分析提出对策的思维性劳动，工作比较间断，频率高，易产生较大的心理压力，以坐姿为主
		要求开拓性强的创造性劳动，工作频率高，有周期性时间限制，易产生很大的心理压力，以坐姿为主
环境 （5分）	工作环境 （5分）	标准的办公室或清洁的实验室环境，如合适的亮度、温度和通风等
		通常暴露在灰尘之下，弄脏衣服和皮肤，暴露于噪声和震动的环境，正常气候变化的室外工作
		长时间或经常暴露于粉尘或烟雾；恶劣气候条件下的室外工作

C公司岗位测评要素

表7-34是C公司的岗位测评要素。

表7-34 C公司岗位测评要素

评分要素	具体指标	指标定义
能力 （15分）	维护保养设 备仪器的能 力（8分）	较复杂的手工操作，掌握难度较大
		复杂的手工操作，掌握难度大，需要具有丰富的实践经验才能胜任
		维护保养一般的设备仪器，操作简单
		维护保养重要的、较精密和较复杂的设备仪器，需要相关的技术知识
		维护保养关键、精密、复杂的设备仪器，需要较高技术和实践经验

续表

评分要素	具体指标	指标定义
能力 （15分）	处理预防事故的应变能力 （7分）	事故产生的原因简单，频率低，易处理
		事故产生的原因较复杂，频率较高，较难处理
		事故产生的原因复杂，频率高，难处理
责任 （30分）	质量责任 （6分）	一般服务性职位，仅影响本职位的工作质量
		直接影响相关多个本职位的工作质量
		直接影响全局工作质量
	设备责任 （6分）	很少使用或不使用工具、设备
		看管使用的设备工具发生故障影响局部正常工作运行
		看管使用的设备工具发生故障影响整体正常工作运行
	安全责任 （7分）	事故发生可能性很小，职位工作与他人关系不大的服务性职位
		事故频率低，造成的伤害和损失轻微的职位
		事故频率较高，但造成的伤害和损失小的职位
		事故频率较低，但易造成严重伤害和重大损失的职位
		事故频率高，易造成严重伤害和重大损失的职位
	物资消耗责任 （5分）	无消耗指标考核，不使用或很少使用原材料的职位
		使用原材料，或不使用原材料，但工作对消耗指标有一定影响
		使用原材料较多，价值较大，作业人员对消耗指标影响较大
		使用原材料多，价值高，对消耗指标的完成起决定性作用
	管理责任 （6分）	只对自己的工作对象和自己的行为负责的一般性职位
		管理中起重要作用的职位，负有指导、协调、分配作业组人员的责任
		管理中起关键作用的职位，负有指导、协调、分配多个作业组人员的责任
强度 （20分）	体力消耗 （2分）	劳动负荷小，动作频率一般或走动时间短的职位
		劳动负荷大，动作频率较高或走动时间较长的职位
		劳动负荷大，动作频率高或走动时间长的职位

续表

评分要素	具体指标	指标定义
强度 （20分）	劳动紧张 程度 （7分）	工作时有紧张感，每班次手动频率在500次以下的职位
		工作处于紧张状态，每班次手动频率在500次以上的职位
		工作比较紧张，每班次手动频率在1 000次以上的职位
		工作紧张，每班次手动频率在2 000次以上的职位
		工作相当紧张，每班次手动频率在3 000次以上的职位
	加班 （3分）	无加班
		偶尔加班，每月4—5天以内
		经常加班，影响到正常的节假日
	工作班制 （5分）	常日班制的工作职位
		两班制（或早晚倒班）的工作职位
		三班制的工作职位
	有无定额 考核 （3分）	无定额指标考核
		生产辅助职位，有集体的工作量考核
		一线生产职位，有日月工时定额考核
环境 （20分）	危险程度 （3分）	伤害的可能性极小，即使发生亦属轻微
		从事专用、通用设备操作，被伤害的可能性较大，但只要遵章守纪，认真执行操作规程，伤害就很少发生
		事故发生概率小，但危害性极大，须有周密的安全防范措施，意外发生伤害极为严重
		事故发生概率大，需要格外小心谨慎操作，即使如此亦难避免，一旦发生，其伤害较重
	噪声程度 （3分）	工作环境安静，基本无噪声
		工作场地常年有噪声
	环境温度、 湿度、灰尘 （5分）	长期工作在自然温度环境，无粉尘
		间接工作在非常温的环境，有粉尘
		长期工作在非常温的环境，长期与粉尘接触

续表

评分要素	具体指标	指标定义
环境 （20分）	固定、流动 （3分）	固定，仅涉及本工作场所
		相对固定，外出主要涉及本市有关单位或部门
		流动，需要经常去外地出差
	室内、室外 （3分）	室内
		室外
	人心流向 （3分）	向往的劳动职位
		一般的劳动职位
		不向往的劳动职位

适合制造业的岗位测评要素

一、责任范围

"责任"是评价员工在整个公司或者某个部门可能的影响力。"影响力"不仅指常规的收益、花费，还包括难以用数量来描述的责任，如产品质量和开发、生产管理、财务管理、物料管理、人力资源管理、销售管理、内外部关系、操作维修设备等。具体如表7-35所示。

表 7-35 责任范围的等级划分表

等级	说明
5	工作以实现中/长期目标为主，限制来自公司政策、合同、资源几个方面；该职位人员有一定自由来尝试新概念和新方法，进行中长期活动；工作考评主要看业绩
4	员工主要完成年度预期目标，如季度、年度计划；基本限制是部门预算，工作计划等；在这些限制下，要求员工起草、建立和制订自己的工作计划，实现中期目标。员工自我监督，对照目标来检验工作绩效
3	尽管工作的总体目标、标准、方法已经建立，但工作是多样化的；在很大程度上可以制订工作计划，选择合适的方法和程序；工作情况一般在完成任务后进行考察
2	总体来说，工作是重复的，经常变化的是任务组合、节奏、内容量，并允许在一个较长时间内完成；多数工作方法是标准的，但依据的是先例而不是书面指标；工作人员可以在一定程度上自己安排时间，但仍有间断的考察
1	工作上的各个步骤都有严格的复查和监督流程；偶尔在任务组合、节奏容量上有变化；工作者有机会在规定的方法、程序中挑选自己的方式，并可做细微调整，如周期短、有固定节奏、重复、有规定的方法和计划表以及顺序进行的工作

二、实施管理

实施管理的等级划分如表7-36所示。

表 7-36　实施管理的等级划分表

等级	说明	分数
5	整体管理，直接或间接地管理参与技术或非技术工作的员工；负责直接下属的发展，检查其他下属的发展计划；要求做出整体计划并经常与其他部门合作，负责员工的业务发展；解决投诉问题，批准聘用、解聘，评审和监督其他部门工作情况，批准加薪和晋升，检查非直接管理的员工的评估	100分
4	直接或间接管理不同工作的员工，通过最直接的管理层来计划和组织员工工作，并与不同部门相协调，直接或间接管理某一专业化领域或几个不是非常专业化领域的技术人员；通常通过直接管理层来计划和组织管理部门内的员工，也可能是分散的多个地方的员工，并提出解聘；申请和推荐对直接或间接被管理的加薪和提升，检查本部门内非直接管理的员工的评估	90分
3	直接或间接管理日常工作，通过计划和组织安排员工，或直接、间接管理那些本职工作中有相当独立性的熟练技术和专业人员，在上述任何一种情况下，参与员工培训、工作评估，对聘用、解聘、加薪提出建议，解决投诉问题	70分
2	直接管理员工做相似的日常工作，决定基本的工作分配，解决问题，确保员工在充裕的时间内圆满完成工作；经常进行职位培训，评估工作情况，解决投诉问题，做人事方面的推荐,通常由上级管理层批准工作计划，但通常有标准模式的限制	50分
1	指导员工做相同或直接相关的日常工作，安排工作，解释方法和程序，保证工作按计划进行，并汇报成绩和问题，向员工示范如何做工作，并做同样或相关工作中较困难的部分；参与决定相关的绩效评定、工作进程的问题	30分

三、沟通协调责任

"沟通协调"是衡量部门、公司内、外部人际间的有效交流，包括最低的直接信息交流至最高的复杂商讨。这个因素反应交流的重要性和频繁程度以及效果。

评定工作时，选择工作中经常要求的最高协调沟通处理技能。例如，一套商品房认购的实际谈判可能花半小时，但他必须是一个熟练的谈判人。另外，一般不考虑与直接合作者、上司、下属接触。其等价划分如表7-37所示。

表 7-37　沟通协调责任的等级划分表

等级	说明
5	与部门、公司以外的人有较重要的联系，如果不能发展和保持良好的关系，将导致公司重大损失。如果不能正确分析用什么方法与公司以外重要人士接触与联系，将严重影响公司现在、未来的声誉，或财政状况
4	要求公司内部联系，如果做得不好，将不利合作，如影响相关部门或公司整个活动阶段之间关系，或对员工之间的关系造成不良影响，或与公司以外的人接触，通常是客户、供应商，如缺少技巧和判断力会造成公司经济和荣誉的重大损失
3	与其他部门的员工接触，要求得体的报告和问题讨论，或与其他部门的接触，需要问题讨论以获得支持与合作，或少量公司以外的重要接触
2	有时需要与同事以外的人接触，但是仅在一般水平，很少要求关于信息的讨论和报告
1	常规接触，一般指直接相关同事，要求一般的公司礼仪

四、决策监督的责任

决策监督责任的等级划分如表7-38所示。

表 7-38　决策监督责任的等级划分表

等级	说明
5	为公司提供广泛的决策和意见，考察整个公司的经营状况，承担部门的发展重任，向高级管理层汇报评估结果，或通过监督一些领域，如销售、产品开发、财务和人事等来对公司内员工施加影响
4	在某一专门领域提供指导和顾问；考察系统和程序，创造推荐主要程序上的发展，评估结果并向上级部门汇报；或通过监督一个职能的主要部分来对部门内员工施加影响
3	为本部门内员工在某专业领域内提供职能指导和顾问，检查和推进简单的程序改进，评估和汇报在此职能范围以及生产线管理结果
2	为本部门以外的有限范围内的员工提供指导和顾问，检查、评估、汇报在这一范围内的管理的结果
1	有间接影响他人工作的机会，主要通过准确适时的工作。偶尔针对一个特定问题提一些建议

五、学历

学历的等级划分如表7-39所示。

表 7-39　学历的等级划分表

等级	说明
4	名校本科/硕士
3	大专、一般本科
2	普通高中、职高、技校、中专
1	初中文化及以下

六、专业知识

"知识"指评估员工对事实、理论、术语、概念、程序技术的能力理解，它可以从正规的学术、职业或工作培训中获得，也可以从工作经验的积累中得到。知识与技能有关，但两者又有不同，一般认为，技能评估的是应用知识的熟练程度。其等级划分如表7-40所示。

表 7-40　专业知识的等级划分表

等级	说明
5	要求阅读和理解复杂的业务操作、工作程序、政策、手册、理解和应用专业图表、图纸、转换表格、符号语言、起草报告和信件，检查他人工作质量情况；理解和运用代数、几何、统计和科学计数法；对机械模具、工程、财务及其他专业知识有充分理解
4	必须能够理解专业的技术操作程序和公式，包括设备操作、数据输入、验证或测试程序等，要求足够的语言能力，能组织清晰的书面文字
3	包括阅读和理解有关资料、图纸、文件、理解部门内部及部门之间的资料文件，并要求有一定的学习能力
2	能使用专业术语表达简单的指示和交流，还要求能够操作机械设备，简单地输入信息，如记录表格
1	包括阅读和理解非专业的一般交流和简单指示，要求能够给出简单解释，以及检查书面资料，或操作办公自动化。另外要求有工作记录的能力

七、实践经验

实践经验指能实际运用并成功解决问题的经历和时间。其等级划分如表7-41所示。

表 7-41 实践经验的等级划分表

等级	说明
5	成功解决公司整体问题的 1 年以上经验
4	成功解决跨部门问题的 1 年以上经验
3	有解决跨部门一般问题或本职位高难问题的 1—2 年经验
2	有解决本职位常规问题的 3—5 年经验
1	有解决本职位常规问题的 1—2 年经验

八、复杂程度

"复杂性和判断力"是评定一个受过培训或合格的在职人员做某项工作的难易程度,影响"复杂性和判断力"的因素包括工作本身的性质、任务的变化、指导的有效性、工作的范围等。其等级划分如表7-42所示。

表 7-42 复杂程度的等级划分表

等级	说明
6	参加公司重大决策及长期项目制定,包括对所有数据的全部分析,并做出具有指导意义和作为总则的决定。要求在政策制定中分析重要复杂问题,在考虑整个公司的政策、项目、建议等决议时,有很强的辨别能力
5	要求有分析能力,计划各种交织在一起的活动,有时需要多个部门配合,要求有解决问题的能力,并且不是普通的、已有的原则就能解决的。承担考虑和分析公司主要问题的责任,要求能够推进和影响公司长期政策,如人事、工艺、产品质量等
4	半常规的或多样化的工作,要求应用已有原则或独立思考做出决定。该决定对完成指定的目标是很重要的,同时需要修改已有的方法、原则和惯例来适应不同条件下的变动,应用事实依据和基本原则运用一定的方法和技巧来解决问题
3	大部分常规和重复的工作,要求应用不同的规则和程序,做出的决定影响工作的质量、准确度以及结果的正确性,但这些决定是在有明确规定的惯例指导下做出的

续表

等级	说明
2	常规或重复工作，只需要按常规或简单运用已知的规则和程序，做决定时具有一定判断力，通常即使该决定是错误的，也能得到纠正
1	常规或高度重复的工作，员工很少或不需要选择，或者在详尽的指导下，员工仅做简单判断

九、操作技能

指评估员工工作中手臂、手、手指的灵活性、精确性、速度和协调性。如在制造、装配、包装、操作维修设备等工作中，任何厂房、仓库、办公室都离不开员工的这些操作技能。它包括两方面内容：技能水平和应用程度。其等级划分如表7-43所示。

表 7-43 操作技能的等级划分表

等级	说明
5	要求很高的测试、设置甚至维修复杂设备的技能，运用一系列专业设备和工具，要求掌握电学、模具及机械原理
4	要求具有操作、设置或维修复杂设备的高级技能。要求很高的手眼配合度和手指敏感性，正规的实际操作和理论培训
3	一般技能要求，如手眼配合，操作简单工具、一般数据编程、办公室设备和工厂设备，并会进行标准的设置和调试。在上岗前或到岗后，经过正规的培训即可达到要求
2	要求如操作普通办公室用品（计算机等）或简单手工工具和不需要调整的简单设备操作，如简单地键盘操作，必要的培训可以通过观察其他员工操作来获得
1	除工作前培训或生活中获得的操作技能，不要求其他手工或设备操作技能

十、工作强度

1. 视力集中程度

"视力集中程度"指绘制图表、开模修模、操作电脑、维修设备等确定眼睛的紧张和疲劳的程度。而这些紧张和疲劳可能因阅读材料、测量仪器、标尺度、查疵点等长时间视力集中而引起眼睛紧张和疲劳。

长时间、紧张地集中视力可使正常视力的人感到眼睛疲劳。这种生理上的反应无法直接测量。应该对他们的工作紧张程度和集中精力的时间进行评估，在进行这种评估时，并不会考虑灯光的强度。其等级划分如表7-44所示。

表7-44 视力集中程度的等级划分表

等级	说明
5	工作中，需要不间断地相当集中地用眼
4	工作中需要较长时间的集中用眼，虽然次数少，但用眼超过一天65%的时间
3	工作中需要有一定时间的集中用眼，一天中有25%以上的时间，如电脑、机械设备的操作或维修，产品及模具设计、检验与测试的工作者等
2	工作中只需要间歇用眼，对象为正常大小，容易识别
1	没有眼疲劳的理由

2. 工时利用率（工作压力）

工时利用率指有效工作时间与常规工作时间的比率。其等级划分如表7-45所示。

表7-45 工时利用率的等级划分表

等级	说明
5	大于100%(需要加班)
4	80%—90%
3	70%—80%
2	50%—60%
1	30%—40%

3. 体力消耗（作业姿势）

"体力消耗"指在工作中因肌肉紧张，引起身体不适的情况。

体力消耗是指经常性以下列姿势工作：走路、跑步、举重、拖、拉、推、扛等，无论是在生产现场还是办公室环境下，都应考虑重量、大小、距离，体力的消耗因素通常与现场业务和分发工作相关。但是，办公室的员工也会提重物，如书、文件、办公用品，以及在其工位上站立、伸展等活动，这些因素应考虑。其等级划分如表7-46所示。

表 7-46　体力消耗/作业姿势的等级划分表

等级	说明	分数
4	需要重体力的工作，如装卸重型模具，在传运线上，使用重型的工具，但有一定的休息时间，间歇提一些较轻的工具或无须体力的工作	100 分
3	工作中需要提举重物，经常搬运物品。每天 2—4 小时，这样的工作可能存在于办公室、工作仓库、模具车间、维修车间等	80 分
2	工作中需要站立、走路，如门卫、分发员，以及办公职员或其他工作人员，在工作中需要走路、提货、站立、伸展等	60 分
1	一般的办公室工作，有时需要走路、站立等，体力消耗不大，一天超过半小时	40 分

十一、工作环境

"工作环境"是对经常工作的环境不适应引起身体不适和需要出差、夜行的情况的评估。考虑的因素应在正常工作条件下，而不是偶然工作条件下，工作是全日制而不是自由，工作环境主要是就一个身体正常（能力、敏感）的人对自己所处环境感到不适的程度进行评估。

1. 物理环境（心理环境、危险性、职业病）

其等级划分如表7-47所示。

表 7-47　物理环境的等级划分表

等级	说明
4	由于工作需要，经常使用劳动防护用品或员工经常性在室外工作，工作环境不尽如人意，使得员工无法经常性地自我放松调节
3	工作的环境很脏，噪声也很大（很不舒适），或者经常性的户外工作，或到部门车间协调和解决问题
2	此类工作包括操作设备、仓管工作或者较差的环境导致有明显的噪声，环境脏乱，或是职工在虽然无毒，但令人非常不愉快的气味中工作。（一天中有 30%—50% 的时间在这种环境中工作）
1	普通办公室工作，很少在灰尘、浓烈气味和恶劣气候中的工作。（一般有 15%—30% 的时间在此环境中工作）

2. 出差/夜班/夜行

其等级划分如表7-48所示。

表7-48 出差/夜班/夜行的等级划分表

等级	说明
4	经常需要出差，通常平均一个月（晚上会议）离家在外 4 个晚上；休息时间经常需要处理工作上的事情
3	需要定期出差，通常平均一个月（晚上会议）离家在外 3 个晚上；三班制。休息时间有时需要处理工作上的事情
2	有时需要出差，通常平均一个月（晚上会议）离家在外大概 2 个晚上；两班制
1	不需要经常出差，通常一个月（晚上会议）离家在外不超过 1 个晚上；单班制

适合制造业及操作岗位的岗位测评要素

一、责任因素

1. 风险控制责任

指在不确定的条件下，为保证贸易、投资、产品开发及其他项目顺利进行，并维持本公司合法权益所担负的责任，该责任的大小以失败后损失影响的大小为判断标准。其等级划分如表7-49所示。

表7-49 风险控制责任的等级划分表

等级	说明	分数
4	有极大风险，一旦发生问题，对公司造成的影响不但不可挽回，甚至会导致公司产生经济危机直至倒闭	80分
3	有较大的风险，一旦发生问题，会给公司带来较严重的损失	60分
2	有一定的风险，一旦发生问题，能明显感觉到给公司造成的影响	40分
1	仅有一些小风险，一旦发生问题，不会给公司造成很大影响	20分
0	无任何风险	0分

2. 成本控制责任

指在正确的工作状态下,因工作疏忽而可能造成的成本、费用、利息等额外损失方面所承担的责任,其责任的大小由可能造成损失的多少为判断基准,并以月平均值为计量单位。其等级划分如表7-50所示。

表 7-50　成本控制责任的等级划分表

等级	说明	分数
6	损失金额在 100 000 元以上	40 分
5	损失金额在 50 000 元以上,100 000 元以下	30 分
4	损失金额在 10 000 元以上,50 000 元以下	20 分
3	损失金额在 5 000 元以上,10 000 元以下	15 分
2	损失金额在 1 000 元以上,5 000 元以下	10 分
1	不可能造成成本费用等方面的损失或损失金额小于 1 000 元	5 分

3. 指导监督责任

指在正常权力范围内所拥有的正式指导监督,其责任的大小根据所监督指导人员的数量和层次进行判断。其等级划分如表7-51所示。

表 7-51　指导监督责任的等级划分表

等级	说明	分数
6	监督指导 5 个以上中层管理人员	40 分
5	监督指导 4 个以上基层管理人员或 4 个中层管理人员	30 分
4	监督指导 10 个一般工作人员或 4 个基层管理人员或 3 个中层管理人员	25 分
3	监督指导 8—10 个一般工作人员或 3 个基层管理人员	20 分
2	监督指导 5—8 个一般工作人员或 1—2 个基层管理人员	15 分
1	监督指导 5 个以下一般工作人员	10 分
0	不指导监督任何人,只对自己负责	0 分

注:3个一般工作人员可折合一个基层管理人员,3个基层管理人员相当于一个中层管理人员。

4．内部协调责任

指在正常工作中，需要与之合作共同顺利开展业务的协调活动。其责任的大小以所协调对象的所在层次、人员数量及频繁程度和失调后的后果大小为判断基准。其等级划分如表7-52所示。

表 7-52　内部协调责任的等级划分表

等级	说明	分数
4	与各部门的经理及负责人有密切的工作联系，在工作中需要随时保持联系和沟通，协调不力对整个公司有重大影响	30 分
3	几乎与本公司所有一般职工有密切的工作联系，或与部分部门经理有工作协调的必要。协调不力对公司有一定的影响	22 分
2	与本部门和其他部门职工有密切的工作联系，协调不力会影响双方的工作	15 分
1	仅与本部门员工进行工作协调，偶尔与其他部门进行一些个人协调，协调不力一般不影响自己和他人的正常工作	7 分
0	不需要与任何人进行协调，即使有也是偶尔的、本部门的一般员工	0 分

5．外部协调责任

指在正常工作中需要维持密切工作关系，以便顺利开展工作方面所负有的责任，其责任大小以对方工作重要性为判断标准。其等级划分如表7-53所示。

表 7-53　外部协调责任的等级划分表

等级	说明	分数
2	需要与国内厂商、政府机构、外商保持密切联系，联系原因只限于业务范围内。需要与上级或其他主管部门的负责人保持密切联系，频繁沟通，联系的原因往往涉及重大问题或影响决策	20 分
1	工作需要与外界几个固定部门的一般人员产生较频繁的业务联系，所开展的业务属于常规性	10 分
0	不需要与外界保持密切联系，即使有也仅限于一般公职人员，且属偶然性	0 分

6. 工作结果责任

指对工作结果程度的责任，以工作结果对公司影响的大小为判断基准。其等级划分如表7-54所示。

表7-54　工作结果责任的等级划分表

等级	说明	分数
6	对全公司的工作结果负责	40分
5	对整个公司的部分部门工作结果负责	30分
4	对整个部门的工作结果负责	24分
3	对整个工段的工作结果负责	18分
2	需要对自己和所监督指导的员工的工作结果负责	12分
1	只对自己的工作结果负责	6分

7. 组织人事责任

指在正常工作中，对人员的选拔、任用、考核、工作分配、激励等具有法定的权力。其等级划分如表7-55所示。

表7-55　组织人士责任的等级划分表

等级	说明	分数
4	对中层领导具有任免权	40分
3	对基层负责人有任免权	30分
2	对一般员工有选拔、调用和管理的责任	20分
1	仅对一般员工有工作分配任务、考核和激励的责任	10分
0	对组织人事不负有责任	0分

8. 法律责任

指在正常工作中需要拟定和签署具有法律效力的合同，并对合同的结果负有相应的责任。其责任的大小视签约、拟定合同的重要性及后果的严重性为判断基准。其等级划分如表7-56所示。

表 7-56　法律责任的等级划分表

等级	说明	分数
4	工作中经常需要以法人资格签署各种有关合同，并对其结果负有全部责任	70 分
3	工作中经常需要审核各种业务或其他具有法律效力的合同，并对合同的结果负有全部责任	54 分
2	工作中经常需要拟定合同和签约，领导只进行原则上的审核，个人承担部分责任	36 分
1	工作中需要偶尔拟定具有法律效力的合同，合同条文最终由上级审核后方可签约	18 分
0	不参与有关法律合同的制定和签约	8 分

9. 决策层次

指在正常的工作中需要参与决策，其责任的大小根据所参与决策的层次高低为判断基准。其等级划分如表7-57所示。

表 7-57　决策层次的等级划分表

等级	说明	分数
5	工作中需要参与最高层次的决策	30 分
4	工作中需要做一些大的决策，但必须与其他部门负责人共同协商	24 分
3	工作中需要做一些对所属人员有影响的决策	18 分
2	工作中需要做一些大的决定，只影响与自己有工作关系的部分一般员工	12 分
1	工作中常做一些小的决定，一般不影响他人	6 分

二、知识技能因素

1. 最低学历要求

指顺利履行工作职责所要求的最低学历要求，其判断基准按正规教育水平判断。其等级划分如表7-58所示。

表 7-58　最低学历要求的等级划分表

等级	说明	分数
5	研究生（博士）	30 分
4	研究生（硕士）	24 分
3	大学本科	18 分
2	大学专科	10 分
1	高中、职业高中或中专	5 分

2．知识多样性

指在顺利履行工作职能时需要使用多种学科、专业领域的知识。判断基准在于广博不在精深。其等级划分如表7-59所示。

表 7-59　知识多样性的等级划分表

等级	说明	分数
4	工作要求经常变换专业领域	30 分
3	频繁地综合使用其他学科的知识	22 分
2	较频繁地使用其他学科的一般知识	14 分
1	偶尔使用其他学科的知识	7 分

3．熟练期

指具备工作所需要的专业知识的一般劳动力需要多长时间才能胜任本职工作。其等级划分如表7-60所示。

表 7-60　熟练期的等级划分表

等级	说明	分数
5	2 年以上	20 分
4	1—2 年	16 分
3	6—12 个月	12 分
2	3—6 个月	8 分
1	3 个月以内	4 分

4．工作复杂性

指在工作中履行职责的复杂程度，判断基准根据所需的判断分析、计划等水平而定。其等级划分如表7-61所示。

表7-61　工作复杂性的等级划分表

等级	说明	分数
5	工作要求高度的判断力和计划性。要求积极地适应不断变化的环境并积极解决问题	40分
4	工作时需要运用多种专业技能，经常做独立判断和计划，要有相当高的解决问题的能力	32分
3	需要进行专门训练才可胜任工作，但大部分时间只需要一种专业技术，偶尔需要独立判断或计划，要求员工考虑如何工作才不妨碍他人工作	24分
2	只需要简单的提示即可完成工作，不需要计划和独立判断，偶尔亦需要考虑自己对别人的妨碍程度	16分
1	简单的、独自的工作，不必考虑对他人有什么妨碍	8分

5．工作经验

指工作在达到基本要求后，还必须运用某种随经验不断积累才能掌握的技巧。判断基准是掌握这种技巧所花费的实际工作时间。其等级划分如表7-62所示。

表7-62　工作经验的等级划分表

等级	说明	分数
7	5年以上	40分
6	2—5年	36分
5	1—2年	28分
4	9—12个月	20分
3	6—9个月	15分
2	3—6个月	10分
1	3个月以内	5分

6. 工作灵活性

指工作需要灵活处理事情的程度。判断基准取决于工作职责要求。其等级划分如表7-63所示。

表7-63 工作灵活性的等级划分表

等级	说明	分数
4	非常规工作，需要在复杂多变的环境中灵活处理重大偶然性问题	40分
3	一大半属于非常规性的工作，主要靠自己灵活地按具体情况进行妥善处理	30分
2	一般属于常规性工作，经常需要灵活处理工作中出现的问题	20分
1	大部分属于常规性工作，偶尔需要灵活处理一些一般性问题	10分
0	属于常规性工作，很少或不需要灵活性	0分

7. 语文知识

指工作所要求实际运用的文字知识程度。其等级划分如表7-64所示。

表7-64 语文知识的等级划分表

等级	说明	分数
4	合同或法律条文	25分
3	公司文件或研究报告	20分
2	报告、汇报文件、总结（非个人）	15分
1	一般信函、简报、便条、备忘录和通知	10分

8. 数学知识

指工作所要求的实际数字运算知识的水平。判断以常规使用的最高程度为基准。其等级划分如表7-65所示。

表7-65 数学知识的等级划分表

等级	说明	分数
5	计算机程序语言	25分
4	统计和线性代数	20分

续表

等级	说明	分数
3	乘方、开方、指数	15分
2	四则运算、小数、分数	10分
1	整数加减	5分

9. 综合能力

指为顺利履行工作职责具备的多种知识素养、经验和能力的整体要求。其等级划分如表7-66所示。

表7-66 综合能力的等级划分表

等级	说明	分数
4	非常规性工作，需要在复杂多变的环境中处理事务，需要高度的综合能力	50分
3	工作多样化，对灵活处理问题的能力要求高，需要综合使用多种知识和技能	35分
2	工作规范化、程序化，仅需要某方面的专业知识和技能	25分
1	工作单一、简单、不需要特殊技能和其他能力	10分

三、努力程度因素

1. 工作压力

指工作本身给任职者带来的压力，根据决策迅速性、工作常规性、任务多样性、工作流动性及工作是否被时常打断进行判断。其等级划分如表7-67所示。

表7-67 工作压力的等级划分表

等级	说明	分数
4	经常迅速做出决定，任务多样化，工作时间很紧张，工作流动性很强，难得坐下来安静地处理问题	40分
3	要求经常迅速做出决定，任务多样化，手头的工作常被打断，工作流动性强	30分
2	很少迅速做决定，工作速度没有特定要求，手头的工作有时会被打断	20分
1	极少迅速做决定，常规性工作，工作很少被打断或者干扰	10分

2. 精力集中程度

指在工作时所需的注意力集中程度。根据集中精力的时间频率等进行判断。其等级划分如表7-68所示。

表7-68 精力集中程度的等级划分表

等级	说明	分数
5	高度集中注意力的时间占工作时间的 50% 以上	30 分
4	高度集中注意力的时间占工作时间的 25%—50%	24 分
3	第 2 条款的 25%—50% 或高度集中注意力或视力、听力时间为工作时间的 10%—25%	15 分
2	工作时必须集中注意力或视觉、听觉,时间约占工作时间的 10%—25%	12 分
1	工作时心力平常,心神与视力、听觉随便	5 分

3. 体力要求

指作业时必须运用体力,其消耗水平高低根据工作姿势,持续时间长度和用力大小进行判断。其等级划分如表7-69所示。

表7-69 体力要求的等级划分表

等级	说明	分数
3	需要经常远途出差	20 分
2	站立、久坐时间占工作时间 50% 以上	14 分
1	站立、久坐时间占工作时间 50% 以下	8 分
0	工作时姿势随意	0 分

4. 创新与开拓

指顺利进行工作所必需的创新与开拓的精神和能力的要求。其等级划分如表7-70所示。

表 7-70　创新与开拓的等级划分表

等级	说明	分数
3	工作性质本身即为创新与开拓的	40 分
2	工作时常需要创新与开拓	30 分
1	工作基本规范化、偶尔需要创新与开拓	15 分
0	全部工作为程序化、规范化，无须创新与开拓	10 分

5．工作紧张程度

指工作的节奏、时限、工作量、注意力转移程度和工作需要的对细节的重视所引起的工作紧迫感。其等级划分如表7-71所示。

表 7-71　工作紧张程度的等级划分表

等级	说明	分数
4	为完成每日工作需要加快工作节奏，持续保持注意力的高度集中，每天下班时经常感到明显的疲劳	40 分
3	自己无法控制工作的节奏、时限，明显感到工作紧张	30 分
2	大部分时间的工作节奏、时限由自己掌握，有时比较紧张，但时间持续不长	20 分
1	自己掌握工作的节奏、时限，没有紧迫感	10 分

6．工作均衡性

指工作每天忙闲不均的程度。其等级划分如表7-72所示。

表 7-72　工作均衡性的等级划分表

等级	说明	分数
4	工作经常忙闲不均，而且忙的时间持续很长，要打破正常的作息时间	30 分
3	经常有忙闲不均的现象，且没有明显的规律性	21 分
2	有时忙闲不均，但有规律性	14 分
1	一般没有忙闲不均的现象	7 分

四、工作环境因素

1. 职业病

指因工作造成的身体疾病。其等级划分如表7-73所示。

表 7-73　职业病的等级划分表

等级	说明	分数
4	对身体某些部位造成损害致使员工产生痛苦	15 分
3	对身体某些部位造成能明显感觉到的损害	10 分
2	会对身体某些部位造成轻度伤害	5 分
1	无职业病的可能	0 分

2. 工作时间特征

指工作要求的特定起止时间。其等级划分如表7-74所示。

表 7-74　工作时间特征的等级划分表

等级	说明	分数
4	上下班时间根据工作具体情况而定，并无规律可循，自己无法安排控制	30 分
3	上下班时间根据工作具体情况而定，但有事实上的规律，自己可以控制安排	21 分
2	基本按正常时间上下班，偶尔需要早到迟退	14 分
1	按正常时间上下班	7 分

3. 环境舒适性

指工作时环境对任职者身体、心理健康影响的程度。其等级划分如表7-75所示。

表 7-75　环境舒适性的等级划分表

等级	说明	分数
5	不舒适时间占工作时间的 51% 以上	30 分
4	不舒适时间占工作时间的 51% 以上或极不舒适占 26%—50%	25 分

续表

等级	说明	分数
3	不舒适时间占工作时间的 26%—50% 或极不舒适 16%—25%	15 分
2	不舒适时间占工作时间的 16%—25% 或极不舒适占 10%—15%	10 分
1	不舒适时间占工作时间的 10%—15%	5 分
0	非常舒适，没有不良感觉	0 分

4．危险性

指工作本身可能对任职者身体所造成的危害。其等级划分如表7-76所示。

表 7-76　危险性的等级划分表

等级	说明	分数
3	工作危险性大，有可能对身体造成很大的伤害	30 分
2	在发生意外时可对身体造成明显伤害	20 分
1	如果不注意即可能造成身体轻度伤害	10 分
0	没有对身体造成伤害的可能性	0 分

实用量化的岗位测评要素

一、文化水平

指担任指定职位必须具备的文化基础知识，以便较好地学习掌握必要的业务理论和工作知识；这种知识可由学习教育或在自学及工作实践中获得，其程度（等级）高低可由受教育程度确定。其等级划分如表7-77所示。

表 7-77　文化水平的等级划分表

等级	说明	分数
6	相当于博士研究生毕业程度	500 分
5	相当于硕士研究生毕业程度	364 分
4	相当于大学本科毕业程度	248 分

续表

等级	说明	分数
3	相当于大专毕业程度	152 分
2	相当于高中或中专毕业程度	76 分
1	相当于初中毕业程度	20 分

二、经验

指担任指定职位的工作，除能达到工作的基础要求，需要某种知识的积累（经验）才能使工作完成得更出色（如方法的改进、效率的提高、业务的开拓创新等），这种经验可在本职位或相关职位上实践一段时间后获得，其程度高低可通过需要在本职位上实践的时间确定。其等级划分如表7-78所示。

表 7-78　经验的等级划分表

等级	说明	分数
7	3 年以上	500 分
6	1 年半—3 年	370 分
5	1 年—1 年半	260 分
4	9—12 个月	170 分
3	6—9 个月	100 分
2	3—6 个月	50 分
1	1—3 个月	20 分

三、专业技术知识要求

指担任指定职位工作必须具备的业务理论知识（以便较好地学习掌握工作知识和指导工作经验），这种知识可由学校教育或自学及工作实践中获得，其程度（等级）高低可由受教育程度确定。其等级划分如表7-79所示。

表 7-79　专业技术知识要求的等级划分

等级	说明	分数
6	需要经过大学本科专业毕业程度的学习	500 分
5	需要经过大专专业毕业程度的学习	364 分
4	需要经过中专专业毕业程度的学习	248 分
3	需要经过技校学习或职位培训（6 个月左右）	152 分
2	需要参加正式的短期培训（3 个月左右）	76 分
1	只需要简单的非正式的指导	20 分
0	无须业务理论知识	0 分

四、职务复杂性

指为了达到指定职位工作的基本要求，在具有相应的文化知识的基础上，必须经过一段时间的实习或实践，才能掌握基础的工作知识（政策、规定、步骤等）和工作技能（机械操作、组织协调、编制计划等），掌握这种工作知识和工作技能所需实习或实践时间的长短取决于工作的复杂程度，包括所使用机械设备的复杂程度、工作程序发生变化的程度和工作中必须掌握的有关规定的广度。其等级划分如表7-80所示。

表 7-80　职务复杂性的等级划分表

等级	说明	分数
7	需要 2 年以上：工作没有确定的内容和程序，必须具有较强的创造力和工作艺术（如领导艺术等），才能适应工作需要	500 分
6	需要 1—2 年：工作内容很复杂，根据具体情况需要采用不同的工作方法和程序，掌握较多的规定，并需要随时适应规定、政策的变化	370 分
5	需要 6—12 个月：复杂精细的设备（内燃机修理、制冷机维修、电脑维修等），工作内容较复杂，工作程序有变化，掌握较多不变的规定	260 分
4	需要 3—6 个月：复杂设备（电脑操作、汽车驾驶等），工作内容稍复杂，工作程序基本不变，掌握一些不变的规定	170 分
3	需要 3 个月以内：稍微复杂一点的设备（保险箱、电钻、电梯、万用表、复印机）	100 分

续表

等级	说明	分数
2	需要1个月：简单的机械（收款机、叉车等），工作内容单一	50分
1	需要1—2周的时间的实习或实践，使用最简单的工具（笔、锤子等），工作单一	20分
0	工作内容单一，只需要具备一定的生活经验即能担任,不必使用任何设备、工具	0分

五、体力劳动负荷

指担任指定职位工作对人体的体力消耗程度，可通过工作中必须采用的姿势，用力程度及延续时间来确定。其等级划分如表7-81所示。

表7-81 体力劳动负荷的等级划分表

等级	说明	分数
5	仰视、蹲伏、倒悬等，时间占工作时间的51%以上，用力499.8牛顿以上，用力时间占工作时间的10%以上	500分
4	行走、登高、踢、踏、弯腰、伏卧等，时间占工作时间的51%以上，或仰视、蹲伏、倒悬等，时间占工作时间的25%—50%，用力205.8—490牛顿，用力时间占工作时间的51%以上	350分
3	行走、登高、踢、踏、弯腰、伏卧等，时间占25%—50%用力107.8—196牛顿，用力时间占工作时间的51%以上	220分
2	长时间地久坐（不得变换）或经常站立，时间占工作时间的51%以上，用力时间占工作时间的51%以上，或用力107.8—196牛顿，用力时间占工作时间的50%	110分
1	姿势可随意，用力在98牛顿以下，用力时间占工作时间的50%以上	20分

六、脑力及精神负荷

指担任指定职位工作，要求视力和脑力的集中程度，可通过视力和脑力专注情况和延续时间来确定。其等级划分如表7-82所示。

表 7-82　脑力及精神负荷的等级划分表

等级	说明	分数
5	工作时，视力或脑力高度集中于一事，时间占工作时间的 51% 以上	500 分
4	工作时，视力或脑力必须连续专注于某项事物，时间占工作时间的 51% 以上，或者视力或脑力高度集中于一事，时间占工作时间的 26%—50%	350 分
3	工作时，视力或脑力必须连续专注于某些事项，时间占工作时间的 26%—50%，或者视力或脑力高度集中于一事，时间占工作时间的 10%—25%	220 分
2	工作时，视力或脑力必须连续专注于某事项，时间占工作时间的 10%—25%	110 分
1	工作时，心力平常，视力或脑力不必专注于一事，或专注时间很短	20 分

七、工作环境

指担任指定职位工作所处工作环境对人体主观感受的影响程度，可通过环境的温度、湿度、通风度、噪声、照明度等条件是否使人体感到不舒适及其延续时间来确定。其等级划分如表7-83所示。

表 7-83　工作环境的等级划分表

等级	说明	分数
6	有造成职业病（如职业性耳聋等）的可能	500 分
5	极不舒适，时间占工作时间的 51% 以上	364 分
4	不舒适，时间占工作时间的 51% 以上；或极不舒适，时间占工作时间的 26%—50%	248 分
3	不舒适，时间占工作时间的 26%—50% 或极不舒适，时间占工作时间的 11%—25%	152 分
2	不舒适且置其中的时间占工作时间的 11%—25%	76 分
1	尚属舒适	20 分

八、危险性

指担任指定职位工作所处环境或工作本身具有使任职者自身遭到意外伤害的可能程度，可通过以往发生次数的多少，以及在通常情况下受伤的严重程度来确定。其等级划分如表7-84所示。

表 7-84 危险性的等级划分表

等级	说明	分数
4	经常发生严重伤害，需一个月以内时间疗养；或伤害发生虽少，但其伤害可造成残废或死亡	500 分
3	经常发生较重的伤害，需一周内时间休息疗养；或伤害发生虽少，但伤害严重，需一个月以内时间疗养	320 分
2	经常发生轻微的伤害，不需要休息疗养；或伤害发生的可能性虽小，但较重，需一周以内的时间休息疗养	160 分
1	伤害的可能性极小，即使有伤害也是轻微的，不需要休息疗养	20 分
0	无伤害的可能性	0 分

九、工作影响程度

指担任指定职位工作需要与内外有关人员产生联系的广度和深度，或工作结果对有关人员的影响程度，可通过有关人数的多少和联系形式来确定。其等级划分如表7-85所示。

表 7-85 工作影响程度的等级划分表

等级	说明	分数
5	工作程序与大多数人的工作同时紧密结合在一起	500 分
4	工作程序与特定对象的工作紧密结合在一起（工作必须与有关对象的工作配合进行）	350 分
3	工作结果对大多数人同时产生间接影响或有切身利益关系（如工资核算等）或工作程度与特定的对象有联系（如部门工作总结必须根据本部门人员工作进行的情况等）	220 分
2	工作结果对大多数人同时产生间接影响，或工作结果对少数人产生直接影响	110 分
1	工作结果对特定对象产生间接影响（可能影响工作进度等，不影响工作本身）	20 分

十、对人、财、物的责任

指担任指定职位工作，为了保证不伤害他人，以及不发生财产损失和由于使用、保养不慎以致机器、设备、资金、物料产生损失等，必须保持的警觉程度，可由造成他人伤害的可能性及严重程度或可能发生直接财务损失的金额大小来确定。其等级划分如表7-86所示。

表7-86 对人、财、物的责任的等级划分表

等级	说明	分数
5	危险性工作，他人无法防范，须有相当周密的安全措施，如有意外则使他人受极其严重的伤害甚至死亡或产生直接财产损失金额在25 000元以上	500分
4	可能使他人受严重伤害（需要休养一个月）；或使他人受伤的可能性极小但伤害后会引起他人残疾，或产生直接财产损失的金额为10 001—25 000元	350分
3	可能经常使他人受较严重伤害（需要休养一周），或他人受伤的可能性极小但伤害严重（需要休养一个月），或产生直接财产损失的金额为2 501—10 000元	220分
2	可能经常使他人发生轻微伤害（不需要休息疗养）；使他人受伤害的可能性极小但较严重（需要休养一周）；或发生直接财产损失的金额为501—2 500元	110分
1	使他人受伤害的可能性极小，即使发生也很轻微（不需要休息疗养）；或发生直接财产损失（维修费等）金额在500元以下	20分
0	没有使他人受伤害的可能性，不会产生直接财产损失	0分

十一、独立工作程度

指担任指定职位工作受上级主管监督的程度，可通过工作程序及工作结果受上级规定和审核的宽严程度来确定。其等级划分如表7-87所示。

表7-87 独立工作成都的等级划分表

等级	说明	分数
4	一般指导：工作程序和方法由员工本人决定，上级只对其工作结果原则上审核	500分
3	一般监督：工作程序和方法有原则性规定，遇到原则性问题可请示上级，上级对工作结果的要点进行审核	320分
2	较严密的监督：工作程度和方法有上级详细规定，遇有疑难问题可请示上级解决，工作结果受上级详细审核	160分
1	严重监督：工作程序和方法有详细、明确的规定，上级经常根据规定来检查工作程序和方法是否正确，遇到问题可随时请求上级解决，工作结果受上级详细审核	20分

管理职位测评要素、技术职位测评要素、生产职位测评要素

在此给大家分别介绍管理职位的测评要素（表7-88）、技术职位的测评要素（表7-89）、生产职位的测评要素（表7-90）。

表 7-88 管理职位的测评要素

要素	序号	子因素及权重	因素等级	评价标准	分数	评价意见
职位工作技能要求 25%	1	文化素质要求 20%	一级	高中及以下学历	20 分	
			二级	中专学历	45 分	
			三级	大专学历	70 分	
			四级	大专本科学历	100 分	
	2	技能素质要求 20%	初一级	助理级以下	20 分	
			初二级	助理级	45 分	
			中级	工程师级	70 分	
			高级	高级工程级	100 分	
	3	基本工作能力要求 20%	一般能力	需要完成日常事务性和一般性管理工作	10 分	
			专项管理能力	需要完成较复杂的管理工作	30 分	
			专业管理能力	能独立主持一方面管理工作（高管）	50 分	
			综合管理能力	综合管理公司一方面的工作（副总）	70 分	
			全面领导能力	全面领导公司各项工作（总经理）	100 分	
	4	职位工龄要求 30%	1 年以下	1 年以下工龄	10 分	
			1—3 年	具备同职位 1—3 年工作经验	30 分	
			3—5 年	具备同职位 3—5 年工作经验	50 分	
			5—8 年	具备同职位 5—8 年工作经验	70 分	
			8 年以上	具备同职位 8 年以上工作经验	100 分	

续表

要素	序号	子因素及权重	因素等级	评价标准	分数	评价意见
岗位职责 40%	5	效益责任 25%	微小	对本单位效益影响微小	20分	
			较小	对本单位效益影响较小	45分	
			较大	对本单位效益影响较大	70分	
			重大	对本单位效益有重大影响	100分	
	6	管理安全生产责任 10%	责任微小	对本单位管理工作影响微小	20分	
			责任较小	对本单位管理工作影响较小	45分	
			责任较大	对本单位管理工作影响较大	70分	
			责任重大	对本单位管理工作有重大影响	100分	
	7	决策责任 25%	小决定	工作中只做一些小的决定，影响较小（普通员工）	20分	
			较大的决定	需要做一些较大的决定，影响与自己有工作关系的人（组长）	45分	
			较大的决策	需要做一些较大的决策，影响公司工作的某一方面（主管）	70分	
			大的决策	经常需要做出较大的决策，对公司整体效益影响很大（副总级）	100分	
	8	直接管理人数 10%	无	接受管理，不管理别人	10分	
			较少	5人（含）以下	30分	
			一般	6—10人	50分	
			较多	11—15人	70分	
			很多	16人以上	100分	
	9	组织协调管理层次 10%	单纯	接受管理，不管理别人	10分	
			单层	管理一个层次或组织，协调一个层次的工作或经常协调沟通外部关系	30分	
			复合管理	管理2个层次（管理1个层次电脑经常需要协调沟通外部关系）	50分	
			复杂管理	管理3个层次以上	70分	
			全局管理	管理4个层次以上	100分	

续表

要素	序号	子因素及权重	因素等级	评价标准	分数	评价意见
岗位职责40%	10	管理复杂程度20%	事务工作	日常事务工作	10分	
			主办工作	需要主办某一方面工作	30分	
			组织实施	负责某一方面工作	50分	
			协调决策	协助全面工作	70分	
			全面决策	负责全面工作	100分	
劳动强度25%	11	工作负荷30%	一般	工作量适中，平均每天用于完成本职位的纯作业时间为6—8小时	20分	
			较重	工作量较大，工作满负荷，平均每天用于完成本职位工作的纯作业时间为8小时以上	45分	
			较重	工作量大，平均每天用于完成本职位工作的纯作业时间在10小时以上	70分	
			很重	工作量很大，平均每天的工作时间在10小时以上，50%的公休假日和法定节假日用于工作	100分	
	12	精神疲劳度30%	一般	业务简单、重复，心理压力小	10分	
			紧张	任务有一定时限，任务呈多样性，有一定的心理压力	30分	
			较紧张	任务时限性较强，工作有一定的创新要求，心理压力较大	50分	
			很紧张	心理压力大，时限性强或决策影响大，工作要求有较强的创新能力	70分	
			非常紧张	心理压力大，时限性强或决策影响大，要求较强的创新能力、开拓能力	100分	
	13	难易程度40%	小	处理、协调、解决问题难度小	10分	
			较小	处理、协调、解决问题难度较小	30分	
			一般	处理、协调、解决问题有一定难度	50分	
			较难	处理、协调、解决问题难度较大	70分	
			很难	处理、协调、解决问题难度大	100分	

续表

要素	序号	子因素及权重	因素等级	评价标准	分数	评价意见
工作条件 5%	14	工作条件 100%	较好	工作有规律，办公环境好，工作任务不枯燥	20分	
			一般	工作有规律，办公环境好，但经常接触有毒物质，如复印、打字等	45分	
			较差	工作无规律，有时加班	70分	
			最差	工作非常不规律，经常加班且时间较长	100分	
职位流动率 5%	15	人心流向 100%	稳定	职位流动率低，易招聘	20分	
			较低	职位流动率较低，较易招聘	45分	
			较高	职位流动率较高，招聘较困难	70分	
			高	职位流动率高，招聘困难	100分	

表 7-89 技术职位的测评要素

要素	序号	子因素及权重	因素等级	评价标准	分数	评价意见
职位工作技能要求 30%	1	文化素质要求 20%	一级	中专学历	20分	
			二级	大专学历	45分	
			三级	大学本科学历	70分	
			四级	研究生（硕士）学历	100分	
	2	技能素质要求 40%	初一级	助理级及以下	20分	
			初二级	助理级	45分	
			中级	师级	70分	
			高级	高工级	100分	

续表

要素	序号	子因素及权重	因素等级	评价标准	分数	评价意见
职位工作技能要求 30%	3	基本工作能力要求 30%	一般能力	需要完成日常性和一般性专业技术工作	10分	
			专项技术能力	需要完成较复杂技术工作	30分	
			专业技术能力	岗位要求的具体工具、设备使用或其他专业知识和技术	50分	
			综合技术能力	要精通本专业知识，有较强的技术分析能力和技术开发能力或能独立支持某一项目的技术工作	70分	
			全面技术能力	要精通本专业知识，能全面领导本单位或主持重大技术项目工作	100分	
	4	职位工龄要求 30%	1年以下	1年以下工龄	10分	
			1—2年	具备同职位1—2年工作经验	30分	
			3—5年	具备同职位3—5年工作经验	50分	
			6—8年	具备同职位6—8年工作经验	70分	
			8年以上	具备同职位8年以上工作经验	100分	
职位工作责任 35%	5	效益责任 30%	微小	对本单位效益影响较小	20分	
			较小	对本单位效益影响一般	45分	
			较大	对本单位效益影响较大	70分	
			重大	对本单位效益有重大影响	100分	
	6	技术责任 20%	责任微小	对本单位技术工作影响较小	20分	
			责任较小	对本单位技术工作影响一般	45分	
			责任较大	对本单位技术工作影响较大	70分	
			责任重大	对本单位技术工作有重大影响	100分	
	7	直接管理人数 10%	无	接受管理，不管理别人	10分	
			较少	5人（含）以下	30分	
			一般	6—10人	50分	
			较多	11—15人	70分	
			很多	16人以上	100分	

续表

要素	序号	子因素及权重	因素等级	评价标准	分数	评价意见
职位工作责任35%	8	协调管理监督层次10%	单纯	接受管理，不管理别人	10分	
			单层	管理1个层次或监管1个层次的工作或需要经常与外部协调沟通	30分	
			复合管理	管理2个层次（管理1个层次但需要经常与外部协调沟通）	50分	
			复杂管理	管理3个层次以上	70分	
			全局管理	管理4个层次以上	100分	
	9	技术复杂程度20%	日常技术工作	日常技术工作	10分	
			一般技术工作	需要从事一般技术工作	30分	
			组织实施	负责某一方面较复杂的技术工作	50分	
			项目管理	组织项目管理工作或很复杂的技术工作	70分	
			全面决策	负责全面技术管理工作	100分	
劳动强度25%	10	工作负荷20%	一般	工作量适中，平均每天用于完成本职位的纯作业时间为6—8小时	20分	
			较重	工作量较大，平均每天用于完成本职位的纯作业时间为8小时以上	40分	
			重	工作量大，平均每天用于完成本职位的纯作业时间为11小时以上	75分	
			很重	工作量很大，平均每天工作时间在11小时以上，50%以上的公休假日用于工作	100分	
	11	精神疲劳度40%	一般	业务简单重复，有一定心理压力	10分	
			紧张	任务有一定时限，任务具有多样性，有一定的心理压力	30分	
			较紧	任务时限性较强，工作有一定的创新要求，心理压力较大	50分	
			很紧张	心理压力大，时限性强或决策影响大，工作要求有较强的创新能力	70分	
			非常紧张	心理压力大，时限性强或决策影响很大，要求创新能力、开拓能力强	100分	

续表

要素	序号	子因素及权重	因素等级	评价标准	分数	评价意见
劳动强度 25%	12	难易程度 40%	小	处理、协调、解决问题的难度小	10 分	
			较小	处理、协调、解决问题的难度较小	30 分	
			一般	处理、协调、解决问题的有一定难度	50 分	
			较难	处理、协调、解决问题的难度较大	70 分	
			很难	处理、协调、解决问题的难度大	100 分	
	13	工作条件 100%	较好	工作有规律，办公环境好，工作任务不枯燥	20 分	
			一般	工作有规律，办公环境好，但经常接触有毒物质	45 分	
			较差	工作无规律，有时加班	70 分	
			最差	非常不规律，经常加班且时间长	100 分	
职位流动率 5%	14	职位流动率 100%	稳定	职位流动率低，易招聘	20 分	
			较低	职位流动率较低，较易招聘	45 分	
			较高	职位流动率较高，招聘较困难	70 分	
			高	职位流动率高，招聘困难	100 分	

表 7-90 生产职位的测评要素

要素	序号	子因素及权重	因素等级	评价标准	分数	评价意见
劳动技能 30%	1	文化素质 30%	1	初中及以下学历	20 分	
			2	高中学历	60 分	
			3	中专学历	100 分	
	2	技能素质 40%	1	职位对技能素质的要求较低	20 分	
			2	职位需具备一定的技能素质，操作熟练	45 分	
			3	职位对技能素质的要求较高	70 分	
			4	职位对技能素质的要求很高	100 分	

续表

要素	序号	子因素及权重	因素等级	评价标准	分数	评价意见
劳动技能30%	3	工作经验30%	1	无工作经验	20分	
			2	半年工作经验	45分	
			3	1年工作经验	70分	
			4	2年以上工作经验	100分	
劳动责任45%	4	产量责任10%	1	一般服务性职位	10分	
			2	辅助生产的一般职位	25分	
			3	辅助生产的重要职位	40分	
			4	产品生产工序中的一般职位	60分	
			5	产品生产工序中的较重要职位或技术维修工种职位	80分	
			6	产品生产工序中的主要职位和维修工种的重要职位	100分	
	5	质量责任20%	1	辅助生产，无质量责任	20分	
			2	辅助生产，质量责任不大	45分	
			3	产品生产的主要工序，有质量指标	70分	
			4	产品生产的主要工序，有重要质量指标	100分	
	6	成本管理20%	1	对产品的成本、消耗不负责任	20分	
			2	对产品的成本、消耗所负责任较小，作业人员对消耗的影响较小	45分	
			3	对产品的成本、消耗所负责任较大，作业人员对消耗的影响较大	70分	
			4	对产品的成本、消耗所负责任重大，作业人员对消耗的影响很大	100分	
	7	安全责任10%	1	对本单位安全生产影响微小	20分	
			2	对本单位安全生产影响较小	45分	
			3	对本单位安全生产影响较大	70分	
			4	对本单位安全生产影响大	100分	

续表

要素	序号	子因素及权重	因素等级	评价标准	分数	评价意见
	8	管理监督层次 20%	1	接受管理，不管理别人	20分	
			2	管理或监督一个层次的工作或需要经常与外部沟通	45分	
			3	管理或监管2个层次	70分	
			4	管理3个层次以上	100分	
	9	直接管理人数 20%	1	接受管理，不管理别人	10分	
			2	5人（含）以下	30分	
			3	6—10人	50分	
			4	11—15人	70分	
			5	16人以上	100分	
劳动强度 20%	10	劳动负荷 50%	1	工作量较小，日平均劳动时间为8小时	20分	
			2	工作量较大，日平均劳动时间为8—10小时	60分	
			3	工作量较大，日平均劳动时间在10小时以上	100分	
	11	劳动疲劳度 50%	1	劳动疲劳度一般	20分	
			2	劳动疲劳度较高	45分	
			3	劳动疲劳度高	70分	
			4	劳动疲劳度很高	100分	
	12	劳动条件 100%	1	不存在有毒有害物质，劳动危险程度小	20分	
			2	短时间接触有毒有害物质，劳动危险程度较大	55分	
			3	长时间接触有毒有害物质，劳动危险程度大	100分	

适合高科技企业的岗位测评要素

一、教育程度

指完成职位工作所需的、通过正规教育和培训所获得的最基本的知识水平。职位评估应基于该职位所需的最基本的教育程度，而不是基于该职位现有员工的教育程度。其等级划分如表7-91所示。

表 7-91　教育程度的等级划分表

等级	说明	分数
3	研究生（硕士及以上）学历	40 分
2	大学本科学历	30 分
1	大专学历	15 分

二、工作经验

指较好完成职位工作所需要具备的，在基本教育程度下的最少工作经验。工作经验的衡量包括在公司内外部担任相关职位的时间，在职培训和其他专业培训的时间，但不包括获得教育程度所需的时间。其等级划分如表7-92所示。

表 7-92　工作经验的等级划分表

等级	说明	分数
5	10 年以上相关工作经验	50 分
4	8—10 年（含 10 年）相关工作经验	40 分
3	5—8 年（含 8 年）相关工作经验	30 分
2	3—5 年（含 5 年）相关工作经验	20 分
1	3 年（含 3 年）以下相关工作经验	15 分

三、专业技能

指担任此职位所必须具有的、通过正规教育和培训及相关工作经历所获得的专业知识、技术及才能。其等级划分如表7-93所示。

表 7-93　专业技能的等级划分表

等级	说明	分数
4	在某个特定的领域有一定的权威和专家知识，对相关领域也具有比较广泛的认识，能对他人的研究及实施工作进行指导；专业技能体现为能对该领域的业务规律进行总结和评估，有能力设计、开发、实施新的业务系统和技术方法，对数据分析和预测结果进行评估	70 分
3	深入掌握专业领域内的技术，对两至三种该领域的专业技术和方法有深入的研究，能对他人的研究及实施工作进行一定的指导	55 分
2	掌握专业领域内的技术，包括职位内外的技术，以及彼此之间的关系，对两至三种该领域内专业技术和方法有一定的研究；专业技能体现为数据分析、财务及经济预测、样本数据的诠释、参数收集，以及对各种流程图和设计图表的应用等	40 分
1	熟悉职位工作的技术、原理、流程以及特定的工作方法。能够编制工作进度和完成报告；能够运用多种方法来保障工作的有效完成	20 分

四、管理能力

指完成职位工作所需的计划、组织、指导、控制和协调的能力。包括对某个组织或部门的目标、政策、流程及工作方式的制定与管理的能力；通过调配各种资源完成组织或部门的目标和计划的能力；持续推行变革获得业务优化的能力。其等级划分如表7-94所示。

表 7-94　管理能力的等级划分表

等级	说明	分数
5	对公司整体和各事业部业务运营及战略方向有深入的认识；计划、组织、指导并控制一个或多个事业部高度复杂的长期（年度）工作，在战略层次上进行高度复杂的资源调配，并持续推行改革，优化企业的业绩	80 分
4	对公司整体业务和本事业部的运营及发展方向有深入且明确的认识；能计划、组织、指导并控制事业部复杂的中长期工作，可以在没有既定工作方法的情况下，在不同的环境下管理及策划工作，进行中长期的项目管理，进行跨事业部门的资源调配	65 分
3	深入了解本事业部、本部门及相关部门的业务和发展方向；能运用既定的工作方法和流程，计划、组织并指导事业部内一个/跨部门的中长期工作，或进行较为复杂的项目管理，进行事业部内部跨部门的资源调配	50 分
2	较为了解本事业部、本部门及相关部门的业务发展方向；能运用既定的工作方法和流程，计划、组织并指导一个团组开展复杂工作，或进行短期的项目管理	35 分
1	了解本部门的现有业务和发展方向；能运用既定的工作方法和流程，计划、组织团队开展简单、重复的日常工作	20 分

五、沟通能力

指较好完成职位工作必需的，与公司内部（事业部内外、职能部门）和公司外部（政府、客户等）的个体或团体交流沟通的能力，包括简单的数据信息的提供，达成共识和激励他人。其等级划分如表7-95所示。

表 7-95　沟通能力的等级划分表

等级	说明	分数
4	能与他人有效沟通，并能将获得的各种信息加以整合利用，能运用有效的外交手段和策略以及影响力，与他人达成共识，并能获得其持续的协助合作	60分
3	能明确他人的需求和意图；能通过解释和演示技术数据和专业信息，使双方达成共识；能影响并激励他们采取一定的行动	45分
2	能解释技术数据和专业信息，并能使对方理解，达成共识	30分
1	提供、收集和交换现有基本数据信息，正确传达信息，进行一定的沟通	10分

六、解决问题的类型

指工作职位所要解决的问题的复杂程度，包括标准重复的和突发、经常变化的问题。其等级划分如表7-96所示。

表 7-96　解决问题的类型的等级划分表

等级	说明	分数
5	从事高度复杂而多样的工作，工作中的问题涉及各个领域，由于有许多复杂的不确定因素影响着这些问题，其处理结果也有很大的不确定性；领导一个/多个事业部制定长期的业务规划；问题的处理结果常影响一个/多个事业部，甚至整个公司的业绩	80分
4	从事复杂而多样的工作，须领导本事业部制定长期的业务规划；工作中的问题涉及事业部内外的各个领域，由于有许多复杂的不确定因素影响着这些问题，其处理结果也有很大的不确定性；问题的处理结果常影响本事业部/多个事业部的业绩	60分
3	从事复杂而不同的工作，领导本部门制定业务发展策略以及长期的业务发展规划，并需要参与制定本事业部的长期业务发展规划；工作中的问题涉及本事业部的多个方面，需要解决持续发生的、经常变化的问题，解决这些问题一般没有先例和既定的方法可参考，问题通常对本部门/本事业部的业绩有重要的影响	45分
2	从事非标准的、复杂而不同的工作，工作中有不重复发生的多种问题，参与制定本部门短期的业务策略	30分
1	从事标准而重复的工作，工作中的问题属于经常发生的，并有先例可以参考	15分

七、分析方法、解决方案的复杂程度

指顺利开展公司所需使用的分析方法、方案设计等的复杂程度。包括遵循既定流程来处理情况，使用综合分析来设计有效、可行的解决方案。其等级划分如表7-97所示。

表7-97 分析方法、解决方案的复杂程度的等级划分表

等级	说明	分数
5	需要有高度独立的思考能力，对大量的、多维的数据和极为复杂的问题进行综合分析和平衡，需要制定出有效的、可行的解决方案，从不同方面在不同情况下进行论证，做出决策	100分
4	需要有独立的思考能力，能对大量的数据和复杂的问题进行全面的分析评估和平衡，需要创造性地制定有效、可行的处理方案，并进行论证，做出决策	80分
3	工作没有既定的流程和处理方法，需要对多种影响因素进行分析，需要创新性地提出方案来解决问题	60分
2	需要运用既定的流程和方法来处理不重复发生的问题，需要主动运用创造性思维对异常情况进行分析并归类总结	40分
1	有明确的流程和原则来指导工作的开展，且有既定的流程来处理特别的情况，需要对日常事务进行基本分析和汇总	20分

八、管理幅度

指职位工作涉及的范围，需要协调/管理部门内和部门间的工作。其等级划分如表7-98所示。

表7-98 管理幅度的等级划分表

等级	说明	分数
4	工作涉及多个事业部的多个层面	100分
3	工作在一个/多个事业部展开，需要在部门内/间协调和管理	75分
2	工作在本事业部的部门之间展开，需要在部门内/间协调和管理	50分
1	工作仅在本部门之间展开	20分

九、工作压力

指由于职位工作的非正常运营对其他部门的运营造成较大的影响和问题，从而使任职者产生工作压力。其等级划分如表7-99所示。

表 7-99　工作压力的等级划分表

等级	说明	分数
6	工作对多个事业部门的正常运营有至关重要的影响和巨大的压力	70 分
5	工作对本事业部/相关事业部的正常运营有至关重要的影响和很大的压力	60 分
4	工作对本事业部的正常运营有一定的影响和较大的压力	50 分
3	工作对本部门的正常运营有重要的影响和较大的压力	40 分
2	工作对本部门的正常运营有一定的影响和一定的压力	25 分
1	工作对本部门的正常运营影响不大，压力较小	10 分

十、对公司运营及发展的影响

指该职位的工作对公司的实际运营的影响程度，包括其在工作中所做的决策或提出的建议对本部门、本事业部以及其他事业部甚至全公司的影响（正面影响，创造的价值）范围及深度。其等级划分如表7-100所示。

表 7-100　对公司运营及发展影响的等级划分表

等级	说明	分数
5	极其重大的收获/损失：对一个或多个事业部的工作进行指导和监督，会影响到整个公司的公众形象及盈利状况，风险较大	180 分
4	很重要的收获/损失：对事业部内的工作进行指导和监督，影响整个事业部的业绩，有很大的风险	145 分
3	较为重大的收获/损失，对本部门内的工作进行指导和监督，影响整个部门的业绩，有一定风险	110 分
2	一般的收获/损失：在小范围内产生影响，并不影响部门的业绩；风险极小	70 分
1	极小的收获/损失：一般不会产生影响；风险极小	30 分

十一、对公司资金或资产的影响

指该职位的工作对公司资金及资产的责任，通常是该职位管辖范围内的资金及资产。工作疏忽或不执行任务将会导致资金或资产的损失。其等级划分如表7-101所示。

表7-101 对公司资金或资产影响的等级划分表

等级	说明	分数
4	负责公司大量资金或重要资产的管理。可能导致严重的资金损失或设备损坏	100分
3	负责对公司资金或资产的日常运营和管理。可能导致较大的资金或资产损失	80分
2	涉及对公司资金或资产的日常运营，可能导致有限的资金损失或资产损失	50分
1	很少涉及对资金、资产或设备的责任，所承担的责任只限于正确操作工具或设备，只有在不正确操作时才会导致资产损失的发生	20分

十二、保密信息的责任

指该职位的工作所涉及的重要保密信息处理的需要，包括对这些信息的编制、准备、使用等，以及由于对信息管理不善而可能造成的影响。其等级划分如表7-102所示。

表7-102 保密信息的责任的等级划分表

等级	说明	分数
4	工作中需要准备和评估高技术性或专业性报告，这些报告通常在一定时期的研究、观察和分析之后进行，且需要高度的准确性；信息非常专业，一旦处理有误将会造成很大影响；涉及公司高度保密的信息，如果管理不善可能会对整个公司造成重大影响	70分
3	工作中需要准备、检测和维护非常规或非标准化记录或报告，需要一定程度的准确性，如状态报告、报告小结等；信息较为专业，涉及公司一般程度的保密信息，如果管理不善可能会对某个部门或公司的某种职能造成重大影响	55分
2	工作中需要准备、检查和维护简单常规的表格、记录或报告，如日报表、处理表、标准文档等；极少涉及公司保密信息	35分
1	工作中一般不会涉及公司记录、报告及保密信息的处理	15分

普适有效的岗位测评要素

一、技能

1. 教育

指完成职位工作所需的、通过正规教育和培训所获得的最基本知识。职位评估应基于该职位所需的最基本的教育程度，而不是该职位现有员工的教育程度。其等级划分如表7-103所示。

表7-103 教育的等级划分表

等级	说明	分数
4	精通某个专业领域，有至少四年正规大学的学历，熟悉企业运营的实际事务，具有某专业等级考评或研究协会会员资格；或者具备某一领域的专业知识，相当于获得硕士学位或认可的专门资格证书，如工商管理硕士、文学硕士、理学硕士、注册会计师等所具有的知识，熟悉企业运营的实际事务	80分
3	具备普通四年制大学获得的知识，并在某一领域有一定程度的知识，熟悉业务管理中的常规事务专业工作的基本操作	50分
2	2—3年以上技术专科学历或技术学校、商学院所授的较广泛的技术或专门培训，如簿记知识、办公室日常工作和设备操作	30分
1	初中以上，对教育水平没有特殊要求	10分

2. 经验

指较好地完成职位工作所具备的、在基本教育程度下的最少工作经验，工作经验的衡量包括在公司内外部担任相关职位的时间、在职培训和其他专业培训的时间，不包括获得教育程度所需的时间。其等级划分如表7-104所示。

表7-104 经验的等级划分表

等级	说明	分数
4	10年以上相关工作经验	80分
3	4—10年相关工作经验	50分
2	1—4年相关工作经验	30分
1	1年或以下相关工作经验	10分

3. 业务技能

指担任此职位所必须具有的，通过正规教育、培训和相关工作经历所获得的技术以及才能。其等级划分如表7-105所示。

表7-105　业务技能的等级划分表

等级	说明	分数
5	是某个专业领域的权威，对该领域的原则和原理有极为深入的理解和掌握，能影响该领域的知识进步，可对整个专业技能提供广泛而专业的指导	120分
4	精通专业领域内的技术，对该领域内的两至三种专业和方式有深入的研究；技术专长包括数据分析、财务、经济或科学预测、性能测试、样本数据的诠释、参数收集等；能够持续优化有关业务流程，并对同事或下属提供专业技术指导或建议	90分
3	掌握领域专业内的技术，包括职位相关的技术，以及彼此之间的关系；对两至三种该领域内专业技术和方法有深入的研究；技术专长包括数据分析、财务、经济或科学预测、性能测试、样本数据的诠释、参数收集，以及对各种流程图和统计图表的应用等	60分
2	熟悉本职位的工作内容和原理，对某个具体领域内的流程和方法有总体的认识，能编制工作进度和完成情况的报告，必要时会使用多种方法，如数据收集和统计分析等	40分
1	明确本职位的工作内容和原理，熟练掌握本职位所需要的基本技能	20分

4. 管理能力

指完成职位工作所需的计划、组织、指导、控制和协调能力，包括对某个组织或部门的目标、政策、流程及工作方式的制定和管理，以及通过调配各种资源达成组织或部门的目标和计划。其等级划分如表7-106所示。

表7-106　管理能力的等级划分表

等级	说明	分数
4	计划、组织、指导并控制一个或多个部门/机构的高度复杂的长期（年度）工作，在战略层次上进行高度复杂的资源调配	40分
3	计划、组织、指导并控制一个部门/机构的复杂的中长期工作，可以在没有既定工作方法的情况下，在不同的环境进行管理及策划工作，以及进行中长期的项目管理	26分
2	运用既定的工作方法，计划、组织并协调职位的业务工作	12分

续表

等级	说明	分数
1	运用既定的工作方法，按计划实施或开展简单而重复的日常工作，并处理一些常见问题	6分

5. 业务发展能力

建立良好的客户关系，了解自身所处行业的状况，适时向客户介绍公司情况并拓展公司业务范围。其等级划分如表7-107所示。

表7-107 业务发展能力的等级划分表

等级	说明	分数
4	能对市场进行分析、细分，并制定公司长期业务发展计划和方向，影响客户长期发展计划	20分
3	能制订市场发展计划，并能在客户面前清晰地传达和演示，影响客户的近期行动	12分
2	能向对方清楚地解释自身业务或产品的特性，并取得理解和支持	5分
1	没有业务发展能力的具体要求	0分

6. 专门知识

掌握自身职位基本知识以外的专门知识，该类知识能直接影响工作绩效。其等级划分如表7-108所示。

表7-108 专门知识的等级划分表

等级	说明	分数
3	熟练掌握某项或相关几项专门知识	60分
2	基本掌握某项专门知识	30分
1	无具体要求	0分

二、所需付出的努力

1. 工作的复杂程度

完成职位工作所需的分析能力、问题处理能力和创造性思维能力，也包括在工作中所需要的指导来预防和发现错误。其等级划分如表7-109所示。

表7-109　工作复杂程度的等级划分

等级	说明	分数
5	从事高度复杂而多样的工作；在工作方法上，需要通过大量的、多维的数据及高度的独立思考能力对极难的问题进行分析，并根据不同的情况对设计的解决方法进行验证；由于有许多复杂的不确定因素影响着这些问题，其处理结果也有很大的不确定性	120分
4	从事复杂而不同的工作；工作中会有持续发生的、经常变化的问题发生；在处理这些问题的过程中需要进行复杂分析，技术评估以及识别正确的处理方式；对于这些问题一般没有先例和既定的方法可供参考	96分
3	从事复杂而不同的工作；工作中存在多发问题多发领域；在处理这些问题的过程需要对多种影响因素进行全面的考虑	72分
2	从事非标准而不同的工作；运用既定的程序和方法用来处理不重复发生的问题；需要主动运用创造型思维对异常情况进行分析	48分
1	从事标准而重复的工作；运用既定的程序用来处理特殊情况；工作中的问题属于经常发生的，且有先例可以参考；需要对日常事务进行基本的分析	24分

2. 工作的变化挑战性

指针对工作的不定因素，运用所获得的知识和技能，解决相应问题的能力。其等级划分如表7-110所示。

表7-110　工作的变化挑战性的等级划分表

等级	要求	分数
5	面对的问题完全没有思维定式和限制，其思考环境有开创性和建设性，需要调用综合的能力和经验来创造性地解决问题	120分
4	面对的问题需要相当程度的逻辑分析、理解和思维能力，并在提出解决方案前，做出评估性的判断	84分
3	面对类似但持续变化的问题，无标准答案可得，需要依据问题的细节和特点做出判断，解决问题	60分

续表

等级	要求	分数
2	面临重复发生的相似情况,可在数种解决方法中进行选择以解决问题	36分
1	面临相同和重复发生的情况,根据标准操作程序来解决问题	12分

3. 工作条件

指该职位不适的工作环境因素和健康/事故危险(即便有安全警告)的程度。这些因素可能导致完成工作时的紧张或困难。其等级划分如表7-111所示。

表7-111 工作条件的等级划分表

等级	说明	分数
4	持续暴露在极度恶劣的环境中(粉尘、有毒的化学物质、汽油以及恶臭气体);该环境可能导致身体部分丧失机能、永久性残疾、死亡,或人身安全受到威胁;要求经常去不同的地方出差	60分
3	经常暴露在不佳的环境因素中(过度灰尘、高温、光照、不通风、噪声或室温不稳定)经常对重物进行操作和移动,如该工作环境下工作容易引起工伤事故或暂时失去部分机能,如背部扭伤、割伤、身体部分伤害,但是不会导致身体部分丧失机能;要求去不同的地方出差	42分
2	有一些不适因素(灰尘、高温、光照、通风不足或噪声);在该环境下工作有可能造成轻度受伤(如割伤/瘀伤/摔伤);可能需要出差	24分
1	理想的办公/实验室条件:整洁、光照充足、舒适、通风良好、安静且较少打扰;最低程度的健康/事故危险	12分

三、所需承担的责任

1. 对公司运营的影响

指该职位的工作对公司的实际运营产生的影响程度,包括其在工作中所做的决策或提出的建议对本团队、本部门以及其他部门甚至全公司的影响范围及深度,同时需要考虑该影响是直接或间接的因素以及所涉及金额的大小。其等级划分如表7-112所示。

表 7-112　对公司运营的影响的等级划分表

等级	说明	分数
5	对公司的最终经营结果和长远发展战略产生直接和重大的影响	100 分
4	重要的收获/损失：影响整个部门以至于整个公司的经营状况	70 分
3	重要的收获/损失：影响整个部门的业绩	50 分
2	一般的收获/损失：在小范围内产生影响，并不影响部门的业绩	30 分
1	极小的收获/损失：一般不会产生影响	10 分

2. 对公司资金或其他资产的影响

指该职位工作对公司资产的责任，如现金、机器设备、仪器、工具、物料等，通常是指属于该职位管辖范围内的资产。工作中的疏忽或不轨行为将会导致资金和资产的损失。其等级划分如表7-113所示。

表 7-113　对公司资金或其他资产的影响的等级划分表

等级	说明	分数
4	直接负责公司大量资金或者重要资产的管理；其决策对公司形象或者实际资金运作将造成重大影响	100 分
3	涉及公司大额资金或资产的操作；将对公司的形象或者实际资金运作产生较大负面影响	60 分
2	涉及对公司资金或资产的日常操作，可能的资金或资产损失是有限的，影响较小	30 分
1	很少涉及对资金、资产或设备的责任，所承担的责任只限于正确操作工具或设备；只有在不正确操作时才会导致资产损失的发生	10 分

3. 对公司记录、报告及其他机密信息的责任

指该职位工作所涉及的重要机密信息的处理，包括对于这些信息的编制、准备、使用等，以及由于工作失误可能造成的影响。其等级划分如表7-114所示。

表7-114 对公司记录、报告及其他机密信息的责任的等级划分表

等级	说明	分数
4	需要准备和评估高技术性或专业性报告，这些报告通常在一定时期的研究、观察和分析之后进行，且需要高度的准确性，错误不易察觉，其更正过程复杂，涉及公司高度机密的信息，管理失误可能会对整个公司造成极大影响	100分
3	需要准备、检测和维护非常规或非标准化记录或报告，需要一定程度的精确性，如状态报告、报告小结等；错误不易发现，但容易纠正；涉及公司一般程度的机密信息，管理失误可能会对某个部门或公司的某种职能造成极大影响	60分
2	需要准备、检查和维护简单的常规表格、记录或报告，如日报表、处理表、标准文档等，极少涉及公司机密信息	30分
1	一般不涉及公司记录、报告及机密信息的处理	10分